Stefan Dassler

EXISTENZGRÜNDUNG KONKRET!

AF239504

Stefan Dassler

EXISTENZGRÜNDUNG KONKRET

Ratgeber für angehende Unternehmer

www.salzwasserverlag.de

Dassler, Stefan
Existenzgründung konkret
Ratgeber für angehende Unternehmer
1. Auflage 2009 | ISBN: 978-3-86741-149-3
© CT Salzwasser-Verlag GmbH & Co. KG, Bremen, 2009.
www.salzwasserverlag.de
Alle Rechte vorbehalten.
Die Deutsche Bibliothek verzeichnet diesen Titel in der
Deutschen Nationalbibliografie. Bibliografische Daten sind unter
http://dnb.ddb.de abrufbar.

Inhalt

I

„Ein Unternehmen bauen ist so kreativ wie ein Bild malen oder ein Buch schreiben."

Phil Knight,
amerikanischer Unternehmer

VORWORT

In Deutschland entschieden sich im Jahr 2006 etwa 740.000 Menschen für eine Unternehmensgründung (vgl. Statistisches Bundesamt). Eine Vielzahl davon waren Kleingründungen. Dieses Buch berücksichtigt besonders die Probleme der Gründung von Kleinbetrieben.

Laut einer allgemeinen Gründerstudie gibt nach vier Jahren jeder zweite Existenzgründer auf – die Ursachen sind häufig schlechte Vorbereitung und vermeidbare Anfängerfehler. Zur Selbstständigkeit gehört neben Mut und einer guten Idee eben auch die richtige Strategie.

Dieses Fachbuch versteht sich als eine Navigationshilfe für Gründerinnen und Gründer, insbesondere auch von Kleinbetrieben, für eine erfolgreiche Unternehmensgründung. Es zeichnet sich durch sehr hohe Praxisorientierung mit zahlreichen Unternehmensbeispielen, Rechenbeispielen, Internetadressen, Literaturtipps und Tabellen aus. Dabei setzt es zum Verständnis der Inhalte keine kaufmännische Vorbildung voraus.

Zu Beginn werden die Voraussetzungen für Unternehmensgründungen behandelt. Das erste Kapitel spricht Persönlichkeitsmerkmale von Selbstständigen, sachliche Voraussetzungen und die häufigsten Stolpersteine für Existenzgründer an. Weiterhin wird auch ein Motivationsmodell mit ganzheitlichem Denkansatz – eine wichtige Voraussetzung für Gründer - und eine Gegenüberstellung „Pro und Contra Selbstständigkeit" einbezogen.

Das zweite Kapitel stellt den Weg in die berufliche Selbstständigkeit von der Basisinformation bis zur Präsentation des Geschäftsplans bei Banken, Lieferanten oder Kunden dar. Zunächst sollte sich der Gründer Basisinformationen beispielsweise über Formalitäten, Standortwahl, Rechtsform, Finanzierung und Personal beschaffen. Im eigenen Unternehmenskonzept geht es dann u.a. um die Geschäftsidee, Produkte/Dienstleistungen und den Markt. Der eigene Geschäftsplan erweitert das Unternehmenskonzept beispielsweise um einen Marketingplan, Finanzplan, Chancen und Risiken und eine Rentabilitätsvorschau.

Auch das Rechnungswesen im Betrieb – speziell für nicht kaufmännisch vorbelastete Gründer - wird behandelt. Das dritte Kapitel vermittelt die Buchhaltung in kleinen und mittleren Unternehmen sowie die Grundzüge der Kostenrechnung und Fragestellungen und Kennziffern eines Controllings leicht verständlich.

Weiterhin beschäftigt sich dieses Fachbuch mit ausgewählten Erfolgsfaktoren für Gründer. Es stehen äußere Erfolgsfaktoren (z.B. Konjunktur) und Faktoren in der Person des Gründers (z.B. Selbstmanagement) im Vordergrund. Zudem finden erfolgreiches Forderungs- und Krisenmanagement Erwähnung.

Im fünften Kapitel werden erfolgreiche Unternehmerpersönlichkeiten näher betrachtet, um von den Besten, ihrem Lebenswerk und ihrer Strategie zu lernen. Das Buch stellt historische Beispiele wie Jakob Fugger und Werner von Siemens und moderne Vorbilder wie Bill Gates vor.

Das letzte Kapitel bietet einen Ausblick zum Thema Existenzgründung an. Dargestellt werden wichtige Gründernetzwerke für die Zukunft, eine kritische Betrachtung des Themas und die Prognosen für die zukünftige Situation der Selbstständigen.

Im Anhang dieses Buches finden Sie wichtige Adressen für Ihre Gründung und Links im Internet. Zudem wird ein Beispiel für einen kompletten Geschäftsplan eines Kleinunternehmens aufgeführt.

Im Folgenden ist der Aufbau des Buches schematisch darge-stellt:

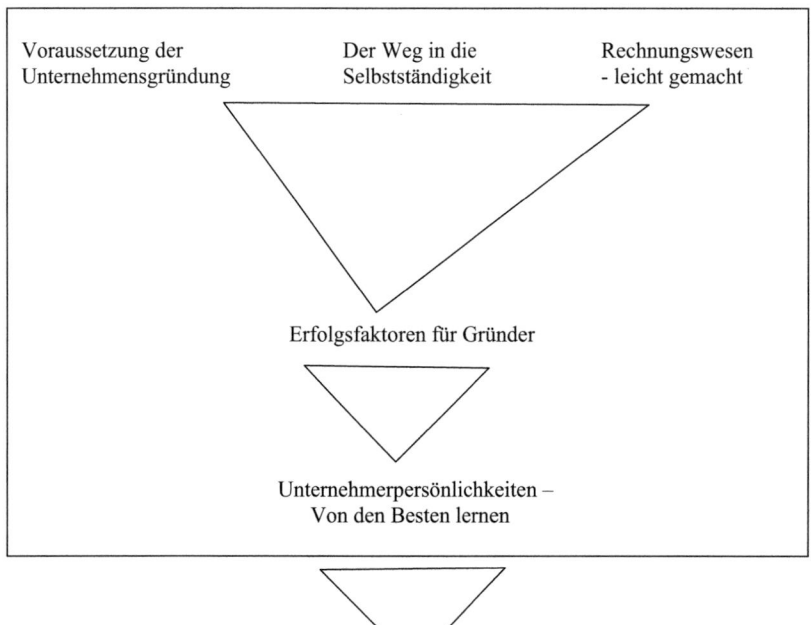

Thema Existenzgründung, insbesondere Kleinunternehmen

| Voraussetzung der Unternehmensgründung | Der Weg in die Selbstständigkeit | Rechnungswesen - leicht gemacht |

Erfolgsfaktoren für Gründer

Unternehmerpersönlichkeiten –
Von den Besten lernen

Erfolgreiche Existenzgründung

Das Rahmenthema bildet die erfolgreiche Existenzgründung, insbesondere eines Kleinunternehmens. Die Erreichung der selbst gesetzten Unternehmensziele (z.B. bestimmter Umsatz/Gewinn; Liquidität, Marktanteil, Image und Zukunftsfähigkeit von Produkten/Unternehmen usw.) gilt als möglicher Maßstab des Erfolges. Dazu werden zunächst die Voraussetzungen der Unternehmensgründung, der Weg in die Selbstständigkeit und Rechnungswesen (leicht gemacht) aufgezeigt, um eine grundlegende Strategie erstellen zu können. Diese Strategie lässt sich im nächsten Schritt mit wichtigen Erfolgsfaktoren für Gründer abstimmen. Zudem werden historische und moderne

1

Unternehmerpersönlichkeiten mit ihrem Lebenswerk und ihren Visionen als mögliche Vorbilder vorgestellt, um eine dauerhaft erfolgreiche Existenzgründung zu entwickeln.

1. Welche Voraussetzungen brauche ich?

„Sicher is', dass nix sicher is',
drum bin i' vorsichtshalber misstrauisch."
Karl Valentin

Als Existenzgründung wird die Realisierung einer beruflichen Selbstständigkeit bezeichnet. Sie erfolgt formaljuristisch durch die Gewerbeanmeldung, die Eintragung in die Handwerksrolle oder bei freien Berufen durch Anmeldung der freiberuflichen Tätigkeit beim zuständigen Finanzamt.

Mit Existenzgründungen verbindet die Politik wirtschaftspolitische Ziele. Generell wird in der Zahl der Gründungen – einschließlich derjenigen aus der Arbeitslosigkeit – ein Indikator für die wirtschaftliche Entwicklung eines Landes gesehen. Die Politik erhofft sich von Unternehmensgründungen neue Arbeitsplätze. Im Hinblick auf die Globalisierungswelle und der zunehmenden Intensität des internationalen Standortwettbewerbs, des raschen Technologiewandels und des hohen Sockels der strukturellen Arbeitslosigkeit sind Existenzgründungen wichtiger denn je zuvor.

Die dazu in Deutschland entstehende Disziplin Entrepreneurship wird mit Gründungsmanagement nur unzureichend übersetzt. Entrepreneurship[1] ist das Unternehmertum, Geschäftsideen zu Produkten zu machen und im Laufe der Jahre einen Wertzuwachs des Unternehmens zu erzielen. Es besteht das Ziel darin, den dauerhaften Erfolg des neuen Unternehmens zu sichern.

Welche Persönlichkeitsmerkmale von Selbstständigen und sachlichen Voraussetzungen gibt es dafür? Welche Stolpersteine für Existenzgründer bestehen? Was leistet ein ganzheitliches Motivationsmodell für Gründer und wie sieht eine Gegenüberstellung von PRO und CONTRA Argumenten zur Selbstständigkeit aus?

---

[1] Vgl. Wehling, D. (Hrsg.): Handbuch für Existenzgründer. Berlin, 2002. S. 16

Persönlichkeitsmerkmale von Selbstständigen

Um sich mit den Persönlichkeitsmerkmalen von Gründern zu auseinanderzusetzen, sollte man sich zunächst mit möglichen Geschäftsideen beschäftigen. Für die Gründung von Kleinunternehmen gibt es zahlreiche Beispiele:

Mobile Dienste	Sonstige Dienste
Computerdoktor und PC-Notdienst	(Nachhilfe-) Lehrer
Fahrraddoktor	Anlageberater
Betreuungsdienste	Blumengeschäft
Einkaufs- und Erledigungsdienste	Bügel-/Wäscheservice
Event-Organisator	Diätassistent
Fenster- und Gardinendienst	Dozenten
Gartenpflege	Energieberater
Handelsmakler/- reisende	Event-Berater
Hausmeisterdienst	Fitnesstrainer
Mietkoch	Imbissstand
Mobile Hair-Stylisten	Kioske
Mobile Kfz-Reinigungsdienste	Kreditberater
Mobile Nagel-Studios	Physiotherapeut
Mobile Pflegedienste	Rating-Berater
Mobiler Chauffeurdienst	Schreibservice
Mobiler Getränkeservice	Schuldnerberater
Not- und Kleinreparaturdienst	Trainer
Reinigungsdienste	Übersetzungsservice
Unterhaltungskünstler	Vorsorgeberater

Generell zeigt die Gründungsforschung, dass Gründer im Vergleich zu unselbstständig Tätigen auffallen durch Intelligenz im Sinne von gesundem Menschenverstand, Realitätssinn und systematischem Denken sowie durch Dominanz, Begeisterungsfähigkeit, Selbstsicherheit und Individualismus. Diese Eigenschaften unterstützen den Erfolg und helfen Krisen zu überstehen.

Im Folgenden werden spezifische Persönlichkeitsmerkmale[2] aufgeführt, die für erfolgreiche Existenzgründer von Bedeutung sind:

Ausbildungsvoraussetzungen
- Schulische Allgemeinbildung
- Berufsausbildung
- Fachliche Weiterbildung
- Familiärer Hintergrund

Berufserfahrung
- Kaufmännische Berufserfahrung
- Technische Berufserfahrung
- Führungserfahrung
- Vertriebserfahrung
- EDV-Erfahrung

Unternehmerisches Profil
- Kaufmännische Qualifikation
- Fachliche Qualifikation
- Strategisches Denken
- Wirtschaftliches Denken
- Realitätssinn
- Lernpotenzial

Führungsfähigkeit
- Entscheidungsfähigkeit
- Handlungsorientierung
- Durchsetzungsvermögen
- Motivationsfähigkeit
- Integrationsvermögen
- Soziale Kompetenz

Verantwortungsbewusstsein
- Gewissenhaftigkeit
- Vertrauensbereitschaft
- Urteilsfähigkeit
- Zuverlässigkeit
- Kritikfähigkeit

---

[2] vgl. Wehling, D. (Hrsg.): Handbuch der Existenzgründung. Berlin, 2002. S. 84 f.

Leistungsbereitschaft
- Einsatzfreude
- Erfolgswille
- Belastbarkeit
- Stress-Stabilität

Selbstbewusstsein
- Selbstsicherheit und Vertrauen
- Selbstbeherrschung
- Eigenständigkeit
- Individualismus

Initiativkraft
- Kreativität
- Flexibilität
- Eigeninitiative

Risikobereitschaft
- Risikofreudigkeit
- Sicherheitsdenken
- Veränderungsbereitschaft
- Normgebundenheit
- Spontaneität

Intelligenz
- Logisches Denken
- Abstraktionsvermögen
- Auffassungsgabe
- Konzeptionelles Denken
- Analytische Begabung

Gesundheit

Verhandlungsgeschick
- Kontaktbereitschaft
- Diplomatisches Gespür
- Konzentrationsfähigkeit
- Überzeugungskraft
- Cleverness

Arbeitsverhalten
- Arbeitsorientierung
- Teamfähigkeit
- Kommunikationsfähigkeit
- Organisationstalent

Sozialverträglichkeit
- Akzeptanz des (Ehe-) Partners
- Unterstützung von Familie
  und Verwandten

Branchenkenntnis
- Kontakte zu Kunden
- Erfahrung mit Lieferanten
- Kenntnis der Wettbewerbssituation

Bei den Persönlichkeitsmerkmalen ist zu beachten, dass je nach Branche, Unternehmensgröße und Produkt unterschiedlich starke, spezifische Ausprägungen einzelner Eigenschaften gefragt sind.

In dem nachfolgenden Test[3] „Bin ich ein Unternehmertyp?" können Sie erfahren, inwieweit Sie im Rahmen der persönlichen Voraussetzungen zum Unternehmertyp tendieren.

Test: Bin ich ein Unternehmertyp?

Prüfen Sie Ihre Ausbildung und Erfahrungen!

Passt Ihre Berufsausbildung (praktische Erfahrung) zur Branche, in der Sie sich selbstständig machen wollen?

Ja, in jedem Fall	☐ 2 Punkte
Nur zum Teil	☐ 1 Punkt
Nein	☐ 0 Punkte

---

[3]   von Prof. Dr. Heinz Klandt, Universität Dortmund

Konnten Sie in Ihrem Berufsleben schon Führungserfahrungen sammeln, das heißt, hatten Sie die Arbeit von Mitarbeiter/innen zu organisieren und zu kontrollieren?

Ja, mehrjährige Führungserfahrung	☐ 2 Punkte
Höchstens zweijährige Führungserfahrung	☐ 1 Punkt
Keine Führungserfahrung	☐ 0 Punkte

Besitzen Sie eine gut fundierte kaufmännische oder betriebswirtschaftliche Ausbildung und/oder entsprechend zu bewertende Erfahrung?

Ja, umfangreiche Qualifikation	☐ 2 Punkte
Ja, ich bin ausreichend qualifiziert	☐ 1 Punkt
Keine derartige Ausbildung oder Erfahrung	☐ 0 Punkte

In welchem Umfang konnten Sie bisher Vertriebserfahrungen sammeln?

Mehrjährige Vertriebserfahrung	☐ 2 Punkte
Bis zu zweijährige Vertriebserfahrung	☐ 1 Punkt
Keine oder geringe Vertriebserfahrung	☐ 0 Punkte

Prüfen Sie Ihre finanziellen Voraussetzungen!

Haben Sie ein finanzielles Polster, so dass Sie sich in einer gewissen Unabhängigkeit von Banken oder anderen Kapitalgebern selbstständig machen könnten?

Ja, in jedem Fall	☐ 2 Punkte
Ja, mit Einschränkung	☐ 1 Punkt
Nein	☐ 0 Punkte

Kann Ihr/e Ehepartner/in oder Lebensgefährte/in durch sein/ihr Einkommen für den gemeinsamen Lebensunterhalt sorgen oder haben Sie andere sichere Einkommensquellen?

Ja, auf jeden Fall	☐ 2 Punkte
Ja, mit Einschränkung	☐ 1 Punkt
Nein, gar nicht	☐ 0 Punkte

Prüfen Sie, zu welchen Opfern Sie bereit sind!

Sind Sie bereit zumindest in den ersten Jahren 60 und mehr Stunden pro Woche zu arbeiten?

Ja, in jedem Fall	☐ 2 Punkte
Mit gewissen Einschränkungen	☐ 1 Punkt
Nein, in keinem Fall	☐ 0 Punkte

Können Sie wenigstens zwei Jahre weitgehend auf Urlaub, Freizeit und Familienleben verzichten?

Ja, in jedem Fall	☐ 2 Punkte
Ja, eventuell	☐ 1 Punkt
Nein, eigentlich nicht	☐ 0 Punkte

Wollen Sie riskieren, in dieser Zeit kein regelmäßiges und stabiles Einkommen zu erzielen?

Ja, in jedem Fall	☐ 2 Punkte
Ja, eventuell	☐ 1 Punkt
Nein, nur ungern	☐ 0 Punkte

Prüfen Sie Ihre Fitness!

Waren Sie in den letzten drei Jahren durchweg körperlich fit und leistungsfähig?

Ich war praktisch nie krank	☐ 2 Punkte
Ich war nur gelegentlich leicht krank	☐ 1 Punkt
Ich war häufiger/ für längere Zeit krank	☐ 0 Punkte

Halten Sie auch auf Dauer Stresssituationen stand, weichen Sie solchen Situationen nicht aus, sondern gehen die notwendigen Problemlösungen an?

Überwiegend ja	☐ 2 Punkte
Eher ja	☐ 1 Punkt
Nur sehr bedingt	☐ 0 Punkte

Sind Sie beruflich schon gewohnt sich selber Ziele zu setzen und diese ohne Druck durch Vorgesetzte selbstständig zu verfolgen?

Ja, sehr häufig	□ 2 Punkte
Manchmal	□ 1 Punkt
Nur ausnahmsweise	□ 0 Punkte

Prüfen Sie, was für Sie auf dem Spiel steht!

Die Aufstiegschancen und Verdienstmöglichkeiten bei Ihrem bisherigen Arbeitgeber und für Sie allgemein als Arbeitnehmer (in Ihrem Beruf) sind

Weniger gut	□ 2 Punkte
Durchschnittlich	□ 1 Punkt
Sehr gut	□ 0 Punkte

Glauben Sie, dass Sie als Selbstständige/r noch ruhig schlafen können, wenn Sie an die möglichen Unsicherheiten einer unternehmerischen Existenz denken?

Kein Grund zur Beunruhigung	□ 2 Punkte
Werde damit leben	□ 1 Punkt
Bin eher unsicher	□ 0 Punkte

Hat Ihr/e Ehepartner/in oder Ihr/e Lebensgefährte/in eine positive Einstellung zur beruflichen Selbstständigkeit und ist er/sie bereit Sie bei Ihren Gründungsaktivitäten und in den ersten Jahren zu unterstützen?

Ja, in jedem Fall	□ 2 Punkte
Ja, zum Teil	□ 1 Punkt
Nein, eher nicht	□ 0 Punkte

Entfällt:

Single/keine feste Beziehung	□ 1 Punkt

Auswertung und Auflösung des Tests

Addieren Sie Ihre Punktzahl aus den Antwortalternativen und lesen Sie die nachfolgende Bewertung. Natürlich können Sie mit einem solchen knappen Selbstcheck nur erste Hinweise erhalten. Suchen Sie deshalb auch andere Möglichkeiten der Reflexion und Prüfung. Beispielsweise durch den Besuch von Existenzgründerseminaren oder Gespräche mit Beratern.

0 bis 14 Punkte:

Sie sollten sich noch einmal die Frage stellen, ob Sie wirklich eine unternehmerische Tätigkeit anstreben wollen oder ob Sie als Angestellte/r nicht doch ein für Sie persönlich besser geeignetes Arbeitsumfeld vorfinden.

15 bis 20 Punkte:

Das Ergebnis fällt für Sie nicht eindeutig aus. Es wird nicht deutlich genug, ob Sie besser in abhängiger Beschäftigung oder als Selbstständige/r arbeiten können. Suchen Sie nach zusätzlichen Informationen und reden Sie mit möglichst vielen Menschen, zu denen Sie Kontakt haben, über dieses Thema.

21 bis 30 Punkte:

Sie stehen emotional, aber auch von der praktischen Motivation her voll hinter der Entscheidung, sich selbstständig zu machen. Offensichtlich bringen Sie auch persönlich und im Hinblick auf Ihre Umfeldbedingungen die entsprechenden Voraussetzungen für eine unternehmerische Tätigkeit mit.

Sachliche Voraussetzungen

Neben den persönlichen Voraussetzungen sind auch sachliche Gegebenheiten für eine erfolgreiche Gründung eines Kleinunternehmens von Bedeutung. Dabei sollten vor der Gründung einige Fragen erörtert werden, ohne deren Beantwortung das Risiko einer Existenzgründung unkalkulierbar wäre.

Gibt es ein Unternehmenskonzept bzw. einen Geschäftsplan? Ist dieser detailliert, realistisch und tragfähig ausgearbeitet? Bei fachkundigen Stellen wie den Kammern (Industrie- und Handelskammer, Handwerkskammer) kann man kostenlos die Tragfähigkeit des Geschäftsplanes überprüfen lassen. Ebenso erhält jede Einsendung beim Startup Wettbewerb Bayern eine kostenlose Stellungnahme von Experten. Zur Erstellung eines Geschäftsplanes leitet das Kapitel „Der Weg in die Selbstständigkeit" an.

Als Einstiegsübung dafür notieren Sie sich bitte Ihre Fragen zu den folgenden sechs wichtigen Aktionsfeldern bei der Existenzgründung und lesen Sie danach die grundlegenden Informationen in den angegebenen (Unter-) Kapiteln.

a) Geschäftsidee (vgl. zur Information Unterkapitel „Geschäftsidee" und „Produkte/Dienstleistungen")

_____

_____

_____

b) Markteinschätzung (vgl. zur Information Unterkapitel „Der Markt" und „Beratung und Informationsquellen" und „Marketingplan")

_____

_____

_____

c) Konkurrenzanalyse (vgl. zur Information Unterkapitel „Der Markt" und „Marketingplan")

_____

_____

_____

d) Standort (vgl. zur Information Unterkapitel „ Standortwahl")

_____

_____

_____

e) Finanzierung (vgl. zur Information Unterkapitel „Finanzierung" und „Finanzplan" und „Investition und Kapitalbedarf")

_____

_____

_____

f) Zukunftsaussichten (vgl. zur Information Unterkapitel „Beratung und Informationsquellen" und Kapitel „Ausblick")

_____

_____

_____

Insbesondere bei der Gründung eines Kleinunternehmens sollten Sie darauf achten, dass die laufenden Kosten (z.B. Miete, Personal) und die Investitionen (z.B. Büroausstattung) möglichst niedrig sind. Zudem sollte die Geschäftsidee Entwicklungsmöglichkeiten zulassen – beispielsweise vom Schreibbüro zum Sekretariatsservice für Unternehmen oder vom Frühstücksservice für Büroangestellte zum eigenen Café.

Stolpersteine für Gründer

In Deutschland wurden im Jahr 2007 insgesamt 29.160 Insolvenzen[4] (Zahlungsunfähigkeit) im Bereich Unternehmen (einschließlich Kleingewerbe) angemeldet. Nach einer Untersuchung[5] der KfW Mittelstandsbank stehen die folgenden „Pleite-Ursachen" fast alle direkt oder indirekt mit der Gründerperson in Verbindung. Die häufigsten Ursachen stellten Finanzierungsmängel und Informationsdefizite der Existenzgründer dar.

- Finanzierungsmängel (68,6 Prozent)

    Viele Gründer haben bei der Gründerfinanzierung oft ihren kurzfristigen Kapitalbedarf (um laufende Rechnungen zu bezahlen) falsch eingeschätzt und daraufhin ihre Liquidität (Zahlungsfähigkeit) falsch geplant. Probleme gibt es in dieser Situation vor allem dann, wenn Kunden schleppend oder vielleicht überhaupt nicht zahlen. Da-

---

[4] vgl. Statistisches Bundesamt
[5] vgl. Opoczynski, M./Fausten, W.: WISO. Existenzgründung. Frankfurt, 2004. S. 52 f.

her sollte der Kapitalbedarf im Vorfeld sorgfältig berechnet werden.

- Informationsdefizite (61 Prozent)

    Gründer wissen oft zu wenig vom Marktgeschehen. Sie überschätzen z.B. die Nachfrage für ihr Produkt oder ihre Dienstleistung und unterschätzen die Konkurrenz. Hilfreich ist hier eine sorgfältige Kunden- und Konkurrenzanalyse.

- Qualifikationsmängel (48 Prozent)

    An der fachlichen Qualifikation mangelt es bei Gründern so gut wie nie. Dafür bestehen umso mehr Defizite an kaufmännischen und unternehmerischen Kenntnissen – insbesondere bei Kleingründungen. Gerade die Branchenerfahrung ist aber der Schlüssel zum Erfolg. Empfehlenswert ist es, möglichst frühzeitig Defizite durch Existenzgründerseminare, Fachseminare oder Berater auszugleichen.

- Planungsmängel (30,1 Prozent)

    Hier gibt es zwei Mängel-Varianten: Entweder ist die Planung des Unternehmensaufbaus fehlerhaft oder die Planung ist gut, wird aber nicht eingehalten. Hilfreich kann sein, die Planung in Schritte zu zerlegen und Erledigtes abzuhaken.

- Familienprobleme (29,9 Prozent)

    Familiäre Probleme sind umso einflussreicher, je kleiner ein Unternehmen ist. Gravierend ist hier vor allem, wenn der Ehepartner die familiären Belastungen gerade in der Anfangsphase nicht oder nicht länger hinnehmen will. Man sollte daher von vorneherein mit Partnerin oder Partner gemeinsam planen.

- Überschätzung der Betriebsleistung (20,9 Prozent)

  Viele Gründer schätzen die Leistungsfähigkeit ihres Unternehmens völlig falsch ein. Oft ist auch der Umsatz des Betriebes zu gering im Verhältnis zu den hohen Investitionen oder Fixkosten. Versuchen Sie die Erträge so genau und realistisch wie möglich vorauszuberechnen und die Kosten so niedrig wie möglich zu halten.

- Äußere Einflüsse (15,4 Prozent)

  Diese zählen zu den Ursachen, auf die der Unternehmer nur wenig Einfluss hat. Zu nennen sind Änderungen im Kundenverhalten, schwindende Kaufkraft in der Kunden-Zielgruppe, Wertverlust teurer Maschinen durch den technischen Fortschritt und verkehrstechnische oder finanzielle Folgen durch geänderte kommunale Planungen.

Viele Unternehmen, die diese ersten Klippen noch mühelos umschiffen, begehen später folgende typische Fehler in der Finanzplanung:

- Investitionen

  Besonders für die Anschaffung des Warenbestandes unterschätzen Gründer häufig die Höhe der notwendigen Investitionen. Um die Schulden nicht noch weiter in die Höhe zu treiben, investieren sie zu wenig. Das Warenlager lässt sich nicht aufstocken und lukrative Großaufträge können aufgrund Kapitalmangels nicht vorfinanziert werden.

- Anlaufphase

  Finanzielle Folgen und Länge der Anlaufphase unterschätzen viele Unternehmer. Fehler in der Terminplanung verschärfen dieses Problem noch. Zudem gibt es in allen Wirtschaftszweigen und Branchen über das Jahr hinweg typische Saisonkurven. Der Markteintrittstermin des Unternehmens sollte daher entsprechend gewählt werden.

- Zins- und Tilgungslasten

  Mancher Gründer verliert in der Start-Euphorie den Überblick über die fälligen Zins- und Tilgungslasten. Bei Bankkrediten beginnt die Tilgung häufig schon zu einem Zeitpunkt, indem die meisten Unternehmen noch Verluste schreiben. Besser geeignet sind öffentliche Finanzierungshilfen, die einen längeren tilgungsfreien Zeitraum vorsehen.

Motivation als Existenzgründer

Ein häufiges Gründungsmotiv für eine Kleingründung ist es, einen Ausweg aus der Arbeitslosigkeit zu finden. Weitere wichtige Motive sind wirtschaftliche Unabhängigkeit und Selbstverwirklichung.

Einen Ausweg aus der Arbeitslosigkeit zu finden, ist vor allem für ältere Arbeitslose, Arbeitslose mit niedriger formaler Bildung und Langzeitarbeitslose ein herausragendes Gründungsmotiv. Ein Großteil der Gründungen aus der Arbeitslosigkeit scheint eher „aus der Not heraus geboren" zu sein und weniger dem eigenen Wunsch zu entspringen, selbstständig tätig zu werden. Umso wichtiger ist es für diese Gründergruppe, gezielte Informationen zur Existenzgründung einzuholen und einen detaillierten Geschäftsplan zu erstellen.

Generell sind bei Existenzgründern die folgenden Motive[6] für den Schritt in die Selbstständigkeit am häufigsten zu finden:

Motiv	Prozentsatz
Unternehmerische und persönliche Freiheit	64,6 %
Der Wunsch, selbstständig zu sein	60,1 %
Alternative zur Arbeitslosigkeit	25,2 %
Geschäftsidee	13,1 %
Verdienstmöglichkeiten und Ansehen	9,2 %
Weiterführen der (Familien-) Tradition	7,8 %
Sonstiges	7,3 %

An erster Stelle steht für viele Gründer/innen die unternehmerische und persönliche Freiheit. Sie wollen ihrem unternehmeri-

---

6   vgl. Untersuchung der EXFOR-Projektgruppe an der Fachhochschule Trier

schen Tatendrang nachgehen und ihre eigenen Unternehmens-Ideen verwirklichen. Sie vermeiden oder beenden damit berufliche Frustrationen, erleben mehr Unabhängigkeit und Erfolgserlebnisse und nehmen ihren beruflichen Aufstieg selbst in die Hand.

Die Unternehmensführung bedarf grundsätzlich eines ganzheitlichen Vorgehens. Sie steigern mit dem nachfolgenden Modell[7] der vier Ichs Ihre Motivation als Existenzgründer und Ihre Aussicht auf Erfolg. Erforschen Sie damit Ihre bevorzugten Denk- und Verhaltensweisen und ergänzen Sie die geringer ausgeprägten Fähigkeiten und Kompetenzen durch interne und externe Partner, die die entsprechenden Kompetenzen mitbringen.

Übersicht: Modell der vier Ichs

A	D
Rationales Ich	Experimentelles Ich
(„Rationalist")	(„Visionär")
analysiert	denkt ganzheitlich
quantifiziert	ist intuitiv
ist logisch	wirkt integrierend
ist kritisch	ist aufbauend
ist realistisch	
liebt Zahlen	
ist faktenorientiert	
ist technisch orientiert	

B	C
Sicherheitsbedürftiges Ich	Fühlendes Ich
(„Organisator")	(„Gefühlsmensch")
trifft Vorkehrungen	ist mitfühlend
strukturiert	ist gefühlsbetont
realisiert Dinge	unterrichtet gerne
ist zuverlässig	bewegt viel
organisiert	ist hilfsbereit
ist ordentlich	ist expressiv
ist pünktlich	ist emotional
plant	redet viel

---

[7] vgl. Opoczynski, M./Fausten, W.: WISO. Existenzgründung. Frankfurt, 2004. S. 56 ff.

Mit der folgenden Übung ermitteln Sie spielerisch die Tätigkeiten, die Ihnen besonders Spaß machen und damit auch Ihre bevorzugten Denk- und Verhaltensmuster im Rahmen des Modells der vier Ichs. Kreuzen Sie insgesamt acht Elemente an, die Sie am meisten motivieren.

Übung: Tätigkeiten im Zusammenhang mit dem Modell der vier Ichs

---

Gruppe A
- Allein arbeiten
- Formeln anwenden
- Ziele erreichen
- Daten analysieren
- Dinge zusammensetzen
- Dinge in Gang bringen
- Schwierige Probleme lösen
- Vorgegebene Zahlen erfüllen
- Gefordert werden
- Analysieren und diagnostizieren
- Dinge erläutern
- Fragen erklären
- Logisch vorgehen

Gruppe D
- Risiken eingehen
- Lösungen erfinden
- Visionen haben
- Abwechslung haben
- Veränderungen bewirken
- Experimentieren
- Ideen verkaufen
- neue Dinge entwickeln
- gestalten
- viel Freiraum haben
- spielerisch vorgehen
- das Ende am Beginn sehen
- Aufregung

Gruppe B
- Geordnete Umgebung haben
- Den Status quo aufrechterhalten
- Schreibarbeiten erledigen
- Ordnung herstellen
- Dinge planen
- Stabilisieren
- Alles rechtzeitig erledigen
- Sich den Details widmen
- Aufgaben strukturieren
- Unterstützung bieten
- Verwalten

Gruppe C
- Gruppen zur Zusammenarbeit bringen
- Ideen ausdrücken
- Beziehungen aufbauen
- unterrichten/ausbilden
- zuhören und reden
- mit Menschen arbeiten
- Menschen überzeugen
- Teil eines Teams sein
- Kommunikation
- den Menschen helfen
- ausdrucksvoll schreiben
- Betreuen
- Beraten

Für die verschiedenen Aufgaben der Unternehmensführung sollte das ganze Gehirn eingesetzt werden. Bei Gesprächen mit Ihrem Bankberater oder während einer Besprechung mit Ihrem Steuerberater benutzen Sie möglicherweise stärker die Merkmale der Quadranten A/B. Für Gespräche mit Ihrer Werbeagentur über die Entwicklung der Werbekampagne für die Markteinführung des neuen Produktes bevorzugen Sie Ihre Eigenschaften aus Quadrant D und für Gespräche mit Mitarbeitern kann es günstig sein aus Quadrant C, dem zwischenmenschlichen Quadranten heraus, zu agieren.

Pro und Contra Selbstständigkeit

Die berufliche Selbstständigkeit kann Ihre Chance und Ihre Motivation zugleich sein, wenn Sie sich der Vor- und Nachteile bewusst sind.

Als Arbeitnehmer kommt die Arbeit häufig in viel zu großen Mengen auf den Tisch. Als Unternehmer müssen Sie sich Ihre Arbeit selbst beschaffen. Können Sie Ihre Geschäftsidee „verkaufen"? Üben Sie sich im Bekannten- und Freundeskreis.

Der Arbeitstag eines Unternehmers dauert allzu häufig doch etwas länger und es fehlt Zeit für Familie, Freunde und Entspannung. Strikte Planungsdisziplin schafft Abhilfe.

Ohne Netzwerk und Partnerschaften fühlen sich viele Selbstständige allein. Knüpfen Sie Kontakte zu Unternehmen mit gleichem Kundenkreis und ergänzenden Leistungsangeboten.

Selbstständigkeit bedeutet auch, jeden Tag um Umsätze und Einkommen zu kämpfen. Dabei bietet der Unternehmeralltag nicht nur Hochstimmungen wie wirtschaftlichen Erfolg, sozialen Erfolg und Selbstverwirklichung. Vielmehr müssen Gründer immer mit Niederlagen rechnen und umgehen können wie beispielsweise Existenzängsten, Überarbeitung, Unsicherheiten und Belohnungsaufschub.

Nachfolgend finden Sie eine Gegenüberstellung von PRO und CONTRA Argumenten zur Selbstständigkeit, die als Entscheidungshilfe für eine Unternehmertätigkeit dienen kann. Sollte das Gewicht der CONTRA Argumente überwiegen, sollten Sie informative Gespräche mit Unternehmern führen bzw. sich den Schritt in die berufliche Selbstständigkeit nochmals überlegen.

Übersicht: PRO und CONTRA Selbstständigkeit

PRO	CONTRA
Eigenständigkeit	Hohe psychische und physische Belastung
Selbstbestimmung über Arbeits- und Freizeit	Kein garantiertes und sicheres Einkommen
Unabhängiges und selbststrukturiertes Arbeiten	Keine garantierte und sichere Zeitplanung
Eigenverantwortlichkeit	Keine Garantie für den unternehmerischen Erfolg
Häufig höheres Einkommen	Durchhaltevermögen notwendig
Unbeschränkter Aktivitätsspielraum	Finanzielle Risiken
Kreatives und innovatives Arbeiten	Zusätzliche organisatorische Aufgaben im Arbeitsfeld

2. Der Weg in die Selbstständigkeit

„Man sollte die Dinge so nehmen,
wie sie kommen.
Aber man sollte dafür sorgen,
dass die Dinge so kommen,
wie man sie nehmen möchte."
Curt Goetz,
deutscher Schauspieler und Schriftsteller

In diesem Kapitel wird der Weg in die berufliche Selbstständigkeit von der Basisinformation bis zur Erstellung und Präsentation des Geschäftsplanes bei Banken, Kunden oder Lieferanten beschrieben. Dies geschieht mit Hilfe eines Baustein-Systems, durch welches der potentielle Existenzgründer systematisch seine Wissenslücken schließen kann.

Nach einem Kurzbericht[8] des Institutes für Arbeitsmarkt- und Berufsforschung sind verschiedene Gründertypen identifiziert worden. So unterscheidet man:

• Start - Typen (erfolgreiche Gründung ohne Unterstützung)

• Stay short – Typen (geringe Unterstützung notwendig)

• Stay long – Typen (längere, prozessorientierte Unterstützung notwendig)

• Stop – Typen (von einer Gründung ist abzuraten).

Dieses Fachbuch ist vor allem für „Stay short" und „Stay long" Typen geschrieben, wobei „Stay long" Typen zusätzlich zu diesem Buch spezielle Existenzgründerseminare, Fachseminare, Expertenberatungsgespräche oder Coachings aufsuchen sollten.

2.1 Basisinformationen

Im Vordergrund stehen hier grundlegende Informationen und Kenntnisse beispielsweise zu Standortwahl, Rechtsform, Finanzierung, Personal und Versicherungen. Der Einstieg erfolgt mit Informationen zur Existenzgründung aus der Arbeitslosigkeit, da

---

[8] Vgl. Kritikos, A./Wießner, F.: Existenzgründungen. Die richtigen Typen sind gefragt. IAB Kurzbericht Nr. 3 / 30.01.2004. S. 3 ff.

diese Gründergruppe bei Kleingründungen einen großen Anteil darstellt.

Baustein „Existenzgründung aus der Arbeitslosigkeit" – Gründungszuschuss, Einstiegsgeld

Mittlerweile erfolgen fast 50 Prozent der Existenzgründungen aus der Arbeitslosigkeit heraus. Die Agenturen für Arbeit fördern Gründer mit dem Gründungszuschuss und dem Einstiegsgeld.

Der **Gründungszuschuss** nach Sozialgesetzbuch III §§ 57 und 58 löste am 1. August 2006 den Existenzgründungszuschuss (Ich AG) und das Überbrückungsgeld ab. Von Mitte 2006 bis Anfang 2008 wurden 170.747 Gründungen mit dem Gründungszuschuss gefördert. Dies entspricht etwa der Zahl der geförderten Ich-AG Gründungen in den ersten 18 Monaten des Bestehens dieser Förderung (175.677). Somit wurde das neue Instrument Gründungszuschuss auch gut angenommen.

Den Gründungszuschuss erhalten Existenzgründer aus der Arbeitslosigkeit mit mindestens drei Monaten Restanspruch auf Arbeitslosengeld I, wenn sie sich hauptberuflich selbstständig machen möchten. Erforderlich ist eine positive Stellungnahme einer fachkundigen Stelle (z.B. IHK, HWK) zur Tragfähigkeit des Existenzgründungsvorhabens. Außerdem muss der Antragsteller seine persönliche und fachliche Eignung für die Gründung nachweisen.

In der ersten Phase des Gründungszuschusses wird neun Monate das Arbeitslosengeld I plus 300 EUR Sozialversicherungspauschale weitergezahlt – zusätzlich zu den Einnahmen aus der Existenzgründung. In einer zweiten Phase wird sechs Monate eine Sozialversicherungspauschale von 300 EUR weitergezahlt, wenn die unternehmerischen Aktivitäten nachgewiesen werden.

Für den Gründer bestehen keine Rentenversicherungspflicht und günstigere Konditionen in der gesetzlichen Krankenversicherung. Zudem muss der Gründungszuschuss nicht versteuert werden.

Eine weitere Fördermöglichkeit der Agenturen für Arbeit ist das **Einstiegsgeld** nach Sozialgesetzbuch II (Grundsicherung für Arbeitssuchende) § 29. Einstiegsgeld können Arbeitslosengeld II-Empfänger, die sich hauptberuflich selbstständig machen wollen, erhalten. Dies kommt für jemanden in Frage, der schon länger als etwa ein Jahr arbeitslos sind. Die Gewährung liegt im Ermessen der jeweiligen Agentur für Arbeit.

Das Einstiegsgeld wird als Zuschuss zum Arbeitslosengeld II gezahlt und ist steuerfrei. Höhe und Dauer der Zahlung hängen von der Dauer der Arbeitslosigkeit und der Größe der Bedarfsgemeinschaft ab. Die Förderdauer beträgt in der Regel 12 Monate. Man sollte sich als Gründer vor einer geplanten Existenzgründung genauestens über die Fördermöglichkeiten informieren.

Praktische Tipps:

• *Als Gründungszuschuss-Bezieher haben Sie - anders als beim Einstiegsgeld für ALG II Bezieher - einen Rechtsanspruch auf die Gründungsförderung. Das Einstiegsgeld ist demgegenüber abhängig vom Ermessen des Fallmanagers der Arbeitsagentur. Dementsprechend ist es sinnvoll, noch während des Bezugs von Arbeitslosengeld I einen Gründungszuschuss zu beantragen.*
• *Als Gründungszuschuss-Bezieher müssen Sie keine Rechenschaft über ihre Vermögensverhältnisse und die Einkünfte Ihrer Familienangehörigen und Lebenspartner vorlegen.*
• *Sozialversicherungspflichtige Nebenjobs oder geringfügige Beschäftigungen sind erlaubt.*
• *Als Gründungszuschuss-Bezieher sind Sie vollwertiger Unternehmer. Sie brauchen Ihre Auftraggeber nicht über Ihren Leistungsbezug informieren. Umsatzkiller wie Einkommens- und Arbeitszeitbescheinigungen, die ALG II Bezieher von ihren Auftraggebern einholen müssen, sind nicht vorgeschrieben.*

Baustein „Gründungsmöglichkeiten" – Neugründung, Betriebsübernahme, Franchising

Es gibt viele Möglichkeiten der Unternehmensgründung. Allein ein Unternehmen zu gründen, erscheint zwar nahe liegend, ist aber nicht die einzige Möglichkeit. In Abhängigkeit von Ihren persönlichen Voraussetzungen, den Markterfordernissen und dem Gründungskapital bieten sich als Alternativen „Neugründung", „Teamgründung", „Beteiligung", „Ausgliederung/Abspaltung (spin-off)" sowie „Betriebsübernahme" und

„Franchising". Die beiden letztgenannten Möglichkeiten stellen auf Existenzgründermessen (START-Messen; www.startmesse.de) immer wieder wichtige Themenbereiche dar. Dort finden Sie viele hilfreiche Detailinformationen.

a) Neugründung

Sie starten bei Null, müssen im Wettbewerb mit bereits etablierten Konkurrenten erst ein Stück vom Umsatzkuchen erobern und Ihre Marktposition Schritt für Schritt festigen. Etwa 85 Prozent aller Existenzgründungen sind Neugründungen.

Für Neugründungen sind bereits bestehende Geschäftskontakte, beispielsweise aus der Zeit als Arbeitnehmer/in, eine wesentliche Einstiegshilfe. In jedem Fall ist mit einer Durststrecke in der Anlauf- und Aufbauphase zu rechnen. Das hierfür notwendige Kapital muss also vorhanden sein. Eine Betriebsneugründung birgt nicht nur Risiken. Sie bringt auch die Chance, den Betrieb nach den eigenen Vorstellungen völlig neu aufzubauen.

Neugründungen werden vor allem in Dienstleistungsbereichen durchgeführt. Erfolgversprechend sind diese insbesondere bei vorhandenem Kundenkreis durch eine nebenberufliche Tätigkeit vor Eintritt in die Selbstständigkeit. Insbesondere beratende Berufe, Dozenten, Friseure, Grafiker, Kosmetiker, Nail Designer, Programmierer, Trainer, Übersetzer u.ä. gründen neu.

Für derartige Kleingründung werden i.d.R. nicht mehr als 60.000 EUR investiert und nicht mehr als 5.000 EUR als Darlehen aufgenommen. Vorteilhaft bei Kleingründungen ist die Risikominderung, der geringe Kapitalbedarf, ein geringerer Zeitbedarf für die Gründung und die Möglichkeit, die berufliche Selbstständigkeit zu testen.

b) Teamgründung

Eine Teamgründung kann das persönliche Risiko reduzieren. Sie starten zwar auch bei Null, aber mit Synergieeffekten (gegenseitigem Nutzen). Die Wahl der Teampartner sollte dabei nicht primär durch private Beziehungen, sondern durch eine berufliche, sich ergänzende Basis geprägt sein.

Die Zusammenarbeit mit Partnern bietet die Vorteile, dass fehlendes Know-how ergänzt werden kann, Verantwortung und Risiko geteilt werden, die Eigenkapitalbasis erweitert wird, mehr Sicherheiten zur Aufnahme von Krediten zur Verfügung stehen und die Arbeitszeit besser eingeteilt werden kann, u.U. auch reduziert werden kann.

Auf jeden Fall ist auf eine faire Vertragsgestaltung sowie eine nachvollziehbare Arbeits- und Haftungsverteilung zu achten. Unabhängig von der Rechtsform sollten Sie die folgenden Vereinbarungen mindestens schriftlich festlegen:

- Verantwortungsbereiche und Aufgaben
- Abstimmungsverfahren bei gesamtunternehmerischen Entscheidungen
- Vertretung des Unternehmens nach außen
- Höhe der Gesellschaftereinlagen
- Maximale Höhe der monatlichen Privateinnahmen bzw. Gehälter
- Verhalten bei „leerer Kasse"
- Lösungen für mögliche Konfliktfälle
- Verhalten bei Kündigung eines Gesellschafters
- Verhalten bei Auflösung oder Verkauf des Unternehmens.

c) Beteiligung

Dies ist eine gute Gelegenheit, sich selbstständig zu machen. Kundenkreis und Know-how sind bereits vorhanden. Allerdings muss die Höhe der Einlage dem Wertanteil entsprechen. Somit ist eine eingehende Prüfung des Unternehmens erforderlich. Vom Preis für die Beteiligung, von den Zukunftsaussichten des Betriebes und von den konkreten Regelungen des Gesellschaftsvertrages hängt es ab, ob der Einstieg in das Unternehmen sinnvoll ist oder nicht.

Die Beteiligung wird von weniger als 1 Prozent aller Existenzgründer gewählt. Sie ist insbesondere in beratenden Branchen, bei Agenturen und in Heilberufen populär.

d) Ausgliederung/Abspaltung (spin-off)

Etwa 2 Prozent aller Gründungen erfolgen als Ausgründung aus einem Institut, einer Universität oder einem Unternehmen. Die Gründer können dabei auf Know-how, Geräte und/oder Patente aus der Mutterorganisation zurückgreifen. Charakteristisch ist die enge Partnerschaft zwischen dem Mutterunternehmen und dem neu gegründeten Unternehmen. Ausgliederungen sind in der Regel im Bereich Forschung und Entwicklung zu finden.

Die Vorteile für Gründer einer Ausgliederung sind, dass das Mutterunternehmen in der Regel fachliches Know-how, unternehmerische Erfahrung, Kontakte zu Kunden und Lieferanten, Netzwerke und evt. Betriebsräume zur Verfügung stellt.

Bevor jedoch interne Führungskräfte einer Ausgliederung zustimmen, sollten folgende Fragen geklärt werden:

- Kann das neu gegründete Unternehmen auf bestehende Kundenkontakte des Mutterunternehmens zurückgreifen?
- Kann das Unternehmen auch Geschäftsbeziehungen zu Konkurrenten des Mutterunternehmens aufnehmen?
- Welche Einflussmöglichkeiten hat das Mutterunternehmen auf die Geschäftspolitik?
- Über welchen Zeitraum hält das Mutterunternehmen Anteile an dem neu gegründeten Unternehmen?
- Ist das Mutterunternehmen bereit, während der Gründungsphase für die Liquidität (Zahlungsfähigkeit) des ausgegliederten Unternehmens zu sorgen?
- Inwieweit ist die Geschäftsführung dem Mutterunternehmen gegenüber rechenschaftspflichtig?
- Sind bestimmte Produkte von der Entwicklung und vom Vertrieb ausgeschlossen?

e) Betriebsübernahme

Man startet mit einem etablierten Betrieb und festem Kundenkreis. Unternehmer, die einen Nachfolger suchen, inserieren beispielsweise in den Zeitschriften der Industrie- und Handelskammern (IHK) sowie den Handwerkskammern (HWK).Darüber hinaus gibt es im Internet eine Unternehmensbörse.

Internetadresse:
Eine Unternehmensbörse für Betriebsübernahme/ Unternehmensnachfolge finden Sie unter www.nexxt.org .

Die Übernahme eines Unternehmens hat viele Vorteile:

- Das Unternehmen ist auf dem Markt bereits bekannt
- Beziehungen zu Kunden und Lieferanten sind aufgebaut
- Die Dienstleistung bzw. das Produkt des Unternehmens ist eingeführt
- Es sind entsprechende Räume und Betriebsinventar vorhanden
- Die Mitarbeiter bilden ein eingespieltes Team
- Der Übernehmer kann auf die Erfahrungen des Vorgängers aufbauen.

Etwa 13 Prozent aller Existenzgründer wählen die Betriebsübernahme. Allerdings ist sie mit wesentlichen Kosten verbunden, zumal der Unternehmerseigner in der Regel seinen Ruhestand durch den Unternehmensverkauf finanziert. Jährliche Ausschüttungen sowie einmalige Zahlung bei Übernahme sind die Regel.

Häufig bietet der Übergeber eine Übersicht in Form einer Objektbeschreibung an, die seiner subjektiven Einschätzung entspricht. Diese sollten Sie zusammen mit Ihrem Steuer-, Rechts- und Unternehmensberater prüfen. So können Sie Fehleinschätzungen, z.B. zum Kapitalbedarf, von vorneherein vermeiden. Die Objektbeschreibung dient auch als Grundlage für die Ermittlung des Unternehmenswertes und damit des Kaufpreises.

Betriebsübernahmen werden insbesondere in Produktions- und Handwerkbranchen, aber auch bei Kanzleien und Praxen als Gründungskonzept praktiziert.

f) Franchising

Franchisenehmer profitieren von Know-how, Organisation und Image bereits etablierter Unternehmen. Hieran kann der Franchisenehmer gegen eine Franchisegebühr partizipieren. Derzeit gibt es in Deutschland über 1.000 Franchise-Systeme am Markt.

Franchise bietet drei Möglichkeiten, sich selbstständig zu machen:

• Als Franchisenehmer übernehmen Sie die Geschäftsidee eines Franchisegebers, lassen sich schulen und regelmäßig betreuen. Ihre unternehmerischen Gestaltungsmöglichkeiten bewegen sich in einem festen Rahmen.

• Als Franchisegeber entwickeln Sie ein eigenes Franchise-System. Grundlage ist Ihre in der Praxis erprobte Geschäftsidee. Hat sich die Idee bewährt, hilft Ihnen das Franchise-System, durch motivierte Mit-Unternehmer (Franchisenehmer) schnell zu expandieren.

• Als Master-Franchisegeber erhalten Sie die Lizenz eines ausländischen Franchise-Unternehmens, das sich auf dem deutschen Markt etablieren möchte. Damit treten Sie in einer bestimmten Region oder in ganz Deutschland als Franchisegeber auf, um auf eigene Rechnung – weitere Franchisenehmer zu akquirieren.

Vorteilhaft ist, dass der Franchisenehmer das Know-how und die Erfahrung des System-Gebers übernehmen kann. Somit ist das Risiko, dass er mit einem wenig erfolgsversprechenden Unternehmenskonzept antritt und hohe Investitionen „in den Sand setzt", gering. Zudem wird er vom Franchisegeber für die unternehmerische Praxis zusätzliche betriebswirtschaftliche und fachliche Unterstützung erhalten.

Rang	Franchise-System	Branche
1	Mc Donalds	Fast Food
2	Fressnapf	Tiernahrung
3	Town & Country House	Baubranche
4	Joey's Pizza	Ernährung
5	Subway	Fest Food
6	Hallo Pizza	Ernährung
7	TeeGschwendner	Ernährung
8	Burger King	Fast Food
9	Schülerhilfe	Nachhilfe
10	Studienkreis	Nachhilfe

Kontaktadresse:
Deutscher Franchise-Verband e.V.
Luisenstr. 41
10117 Berlin
Tel. 030/278902-0
www.dfv-franchise.de

Praktische Tipps:

● *Überlegen Sie, wie viel Gestaltungsspielraum Sie bei Ihrem Unternehmen haben wollen und wählen Sie die entsprechende Gründungsmöglichkeit.*

● *Machen Sie sich Gedanken, wie das Risiko der Gründung reduziert werden kann und entscheiden Sie entsprechend.*

● *Überprüfen Sie, ob es eine günstige Möglichkeit zum Kauf oder zur Pacht eines Unternehmens gibt.*

● *Erfahrungen zeigen, dass der Kapitalbedarf für die Übernahme eines Unternehmens häufig unterschätzt wird und meist sogar höher einzustufen ist als bei Neugründungen.*

● *Ein Franchise-System legt die unternehmerische Marschroute sehr genau fest. Somit ist der Weg in die berufliche Selbstständigkeit kaum beeinflussbar. Das mag manchem Existenzgründer zu wenig sein.*

---

[9] vgl. Deutscher Franchise-Verband e.V.

Baustein „Formalitäten" – Gewerbeanmeldung, Finanzamt, besondere Genehmigungen

Wer einen eigenen Betrieb gründet, muss eine Reihe von Anmeldeformalitäten und gesetzlichen Vorschriften beachten. Dies gilt für die Gewerbeanmeldung, Handelsregistereintragung und Finanzamtanmeldung über die Anmeldung bei der Berufsgenossenschaft und Krankenkasse bis zu besonderen Genehmigungen.

Ein Gewerbebetrieb ist jedes Unternehmen, das „auf Dauer auf Gewinnerzielung angelegt ist". Er muss beim zuständigen Gewerbeamt (Stadtverwaltung, Gemeinde) angemeldet werden. Es reichen hierzu ein Personalausweis bzw. Pass sowie eventuell besondere Genehmigungen und Nachweise (z.B. Handwerkskarte, Konzessionen usw.) aus. Die Kosten für eine **Gewerbeanmeldung** im Hauptberuf sind gering. Beim Gewerbeamt müssen nicht angemeldet werden: Freie Berufe (z.B. Ärzte, Architekten, Steuerberater, Rechtsanwälte, Künstler, Schriftsteller), Wissenschaftler und Betriebe der Land- und Forstwirtschaft.

Automatisch werden mit der Gewerbeanmeldung das Finanzamt, die Berufsgenossenschaft, das Statistische Landesamt, die Handwerkskammer (bei Handwerksberufen), die Industrie- und Handelskammer und ggf. das Handelsregister beim Amtsgericht über Sie informiert.

Handelt es sich bei Ihrem Betrieb um eine Firma im Sinne des Handelsgesetzbuches (HGB), müssen Sie ihn beim zuständigen Amtsgericht in das **Handelsregister** eintragen und diese Eintragung von einem Notar beglaubigen lassen.

Auf Anfrage teilt Ihnen das **Finanzamt** eine 11-stellige Steueridentifikationsnummer (ITN) zu. Als Selbstständiger erhalten Sie zusätzlich eine Wirtschafts-Identifikationsnummer. Und zwar für jede unternehmerische Tätigkeit eine. Gründen Sie beispielsweise ein Cafe und einen Partyservice, dann erhalten Sie zwei separate Wirtschafts-Identifikationsnummern. Sie sind verpflichtet, die Wirtschafts-Identifikationsnummern ab Erteilung im Impressum Ihrer Internetseite (§ 5 Telemediengesetz) und in Rechnungen (§ 14 Umsatzsteuergesetz) anzugeben. Alternativ reicht es, dort Ihre Umsatzsteuer-Identifikationsnummer anzugeben (sofern Sie nicht Kleinunternehmer sind).

Das Finanzamt schickt Ihnen einen Fragebogen zur steuerlichen Erfassung, indem Sie verschiedene Fragen zu zukünftigen Umsätzen und Gewinnen beantworten. Es ist ratsam, bei der Berechnung dieser Schätzungen eher vorsichtig vorzugehen, da hiervon zunächst die Höhe Ihrer Einkommen- und Gewerbesteuer abhängt (siehe auch Unterkapitel „Steuern"). Vor allem in der Anlaufphase können die Kosten im Verhältnis zu den erzielten Umsatzerlösen überdurchschnittlich hoch sein. Kalkulieren Sie bei Ihren Personalkosten auch die Lohnsteuer, die Sie regelmäßig an das Finanzamt abführen müssen, mit ein.

Als Unternehmer sind Sie in einer Reihe von **Berufsgenossenschaften** (Träger der Unfallversicherung) ebenfalls pflichtversichert, in den anderen Fällen können Sie sich freiwillig versichern lassen.

Wenn Sie Arbeitnehmer/innen beschäftigen, müssen Sie Ihren Betrieb bei der **Agentur für Arbeit** anmelden. Diese teilt Ihnen dann eine Betriebsnummer mit, die Sie in die Versicherungsnachweise Ihrer Arbeitnehmer/innen eintragen. Auch wenn Sie einen schon bestehenden Betrieb übernehmen, müssen Sie eine neue Betriebsnummer beantragen, da sie an den Inhaber eines jeden Betriebes gebunden ist.

Über die bei Ihnen beschäftigten Arbeitnehmer/innen müssen Sie auch die zuständige **Krankenkasse/Ersatzkasse/Rentenversicherung** informieren. Auch von der Krankenkasse erhalten Sie dann eine Betriebsnummer.

Auch mit den zuständigen **Versorgungsunternehmen** (z.B. Stadtwerke, Elektrizitätswerke) sollten für Ihre Betriebsräume Lieferverträge für Wasser, Strom und Gas abschließen. Das gleiche gilt für die Entsorgung (z.B. Abwasser, Müllbeseitigung).

Für verschiedene Gewerbezweige bestehen **besondere Genehmigungen**:

● Handwerk: Seit Januar 2004 sind die Neuregelungen im Handwerksrecht in Kraft. Der Meisterzwang wird auf 41 zulassungspflichtige Handwerke beschränkt. Alle übrigen 53 Handwerke sind zukünftig zulassungsfrei. Ihre selbstständige Ausübung setzt keinen Befähigungsnachweis voraus. Bis auf wenige Ausnahmen (sechs Berufe) können sich erfahrene Gesellen in Zukunft auch in den zulassungspflichtigen Handwerken selbstständig machen, wenn sie sechs Jahre praktische Tätigkeit in dem Handwerk vorweisen können, davon vier Jahre in leitender Position. Zudem wird das Inhaberprinzip abgeschafft. Betriebe, die ein zulassungspflichtiges Handwerk ausüben, können jetzt auch von allen Einzelunternehmern oder Personengesellschaften geführt werden, die einen Meister als Betriebsleiter einstellen.

• Industrie: Nach dem Bundes-Immissionsschutz-Gesetz müssen Anlagen mit besonderen Umwelteinflüssen genehmigt werden.

• Einzelhandel: Für verschiedene Handelsbereiche sind besondere Sachkundenachweise notwendig.

• Gaststätten und Hotels: Erforderlich ist eine Erlaubnis, die Sie nach einer (eintägigen) Unterweisung bei der zuständigen IHK vom Gewerbeamt erhalten.

• Bewachungsgewerbe: Voraussetzungen für die vom Gewerbeamt zu erteilende Erlaubnis sind persönliche Zuverlässigkeit, erforderliche Mittel oder Sicherheiten und eine 40stündige Unterrichtung (24stündige Unterrichtung für Beschäftigte) durch die IHK.

• Verkehrsgewerbe: Die geschäftsmäßige Beförderung von Personen mit Omnibussen, Mietwagen und Taxen ist genehmigungspflichtig. Die Konzessionen erteilt das zuständige Gewerbeamt bzw. Regierungspräsidium.

• Reisegewerbe: Gewerbetreibende, die keine feste Betriebsstätte haben, zählen hierzu. Eine erforderliche Reisegewerbekarte stellt das zuständige Gewerbeamt aus.

• Freiberufler: Wer zu den geregelten freien Berufen gehört (z.B. Rechtsanwälte, Ärzte oder Steuerberater) braucht bestimmte Zulassungen, um sich selbstständig zu machen. Bei den ungeregelten freien Berufen (z.B. Künstler, Schriftsteller, Wissenschaftler) bedarf es keiner besonderen Genehmigung.

Praktische Tipps:

- *Eine ausführliche Übersicht von Mustern wichtiger Anmeldeformulare finden Sie beim Bundesministeriums für Wirtschaft.*
- *Mit der Gewerbeanmeldung (bei gewerblichen Berufen) werden automatisch das Finanzamt, die Berufsgenossenschaft, das Gewerbeaufsichtsamt, das statistische Landesamt, IHK/HWK und Handelsregistergericht informiert. Sie sollten jedoch mit allen Behörden selbst Kontakt aufnehmen, um Anmeldeformalitäten zu klären und z beschleunigen.*
- *Die Anzahl der Genehmigungen bei erlaubnispflichtigen Unternehmen ist manchmal schwer abschätzbar. Fragen Sie frühzeitig nach denkbaren Auflagen und kalkulieren Sie mögliche Kosten.*
- *Die Dauer der Genehmigungsverfahren wird auch unterschätzt. Vor allem bei Umweltfirmen und dem produzierenden Gewerbe ist die Genehmigungsdauer oft sehr lang. Sie bauen häufig aufeinander auf und werden nicht parallel bearbeitet.*
- *Zahlreiche Genehmigungen sind ausschließlich auf bestimmte Räume erteilt (z.B. Gaststätten). Werden nun zusätzliche Räume genutzt, muss eine zusätzliche Genehmigung erteilt werden.*

Baustein „Standortwahl" – Marktverhältnisse, Standortkosten, Verkehrsanbindung

Den optimalen Standort gibt es selten. Von den Besonderheiten des Unternehmens hängt es ab, welcher Standort der richtige ist. Beispielsweise braucht der Einzelhandel Laufkundschaft mit Kaufkraft, ein überregional tätiges Dienstleistungsunternehmen kann seinen Sitz überall haben, das produzierende Gewerbe muss meist ins Industriegebiet.

Bei der Standortanalyse unterscheidet man harte und weiche Standortfaktoren. Harte Faktoren lassen sich in Daten und Zahlen wiedergeben und haben messbaren Einfluss auf die Unternehmenstätigkeit:

- Ein entscheidender harter Standortfaktor sind die jeweiligen **Marktverhältnisse**. Haben Sie genügend Kunden am Standort? Beim Einzelhandel ist besonders relevant, wie viele Gehminuten entfernt gibt es wie viele Kunden? Etwa 70 Prozent aller potenziellen Kunden wohnen in bis zu 5 Gehminuten Entfernung. Gibt es Konkurrenz am Standort? Wie gut ist die Konkurrenz (in Sachen Produktgestaltung, Sortiment, Garantieleistungen, Kundendienst, Preise usw.)?

• Zudem sind auch die zur Verfügung stehenden **Gewerbeflächen** von Bedeutung. Gibt es genügend freie und erschlossene Gewerbeflächen? Nicht jede Kommune hat gleich viele Flächen im Angebot.

• Zu berücksichtigen sind die **Kosten**. Ist die Gewerbesteuer akzeptabel? Zwischen einzelnen Kommunen bestehen teilweise erhebliche Unterschiede in der Höhe des Gewerbesteuerhebesatzes. Ist das Miet- bzw. Pachtniveau akzeptabel? Das Mietkostengefälle zwischen Städten und ländlichen Regionen kann stark sein.

• Gibt es **Kapitalgeber und spezielle Fördermittel** am Standort? Bei einer hohen räumlichen Konzentration von Banken, Versicherungen und wirtschaftsnahen Dienstleistern finden sich schneller Finanzierungsmöglichkeiten für Gründer.

• Auch die Frage der **Verkehranbindung** ist entscheidend. Ist die Verkehrsanbindung gut? Ist der Standort gut erreichbar? Gibt es ein überregionales Straßennetz? Ist ggf. ein Flughafen in der Nähe?

• Bedeutungsvoll ist auch das gesamte **Umfeld** des Standortes. Gibt es genügend Zulieferer? Dies ist ein wichtiger Faktor insbesondere bei produzierenden Unternehmen. Gibt es genügend Arbeitskräfte? Zu berücksichtigen ist die jeweilige Lohnstruktur der Region. Besteht ein aktives wissenschaftliches Umfeld? Gerade bei technologieorientierten Gründungen (z.B. im Bereich Biotechnologie, IT-Branche) sind Universitäten, Fachhochschulen und Forschungseinrichtungen vor Ort wichtig.

Weiche Standortfaktoren sind dagegen schwer messbar und haben in der Regel weniger Einfluss auf die konkrete Unternehmenstätigkeit. Sie können aber eine wichtige Rolle für die Arbeitsmotivation und Verfügbarkeit von Arbeitskräften spielen:

• Ist die **kommunale Verwaltung** gründerfreundlich? Wie lange oder kurz ist beispielsweise die Bearbeitungszeit für einen Bauantrag? Gibt es eine zentrale Servicestelle für Gründer in der Verwaltung?

- Existieren **Beratungsangebote** vor Ort? Beratung und Information sind erfahrungsgemäß wichtige Voraussetzungen für den Gründungserfolg.

- Einen weiteren Faktor stellt das **Image** dar. Hat der Standort ein attraktives Image? Für Kunden und Mitarbeiter werden solche Faktoren immer wichtiger.

- Ist die **Lebensqualität** gut? Gibt es angenehme Wohnmöglichkeiten? Sind die Mieten bezahlbar? Ist die Umwelt intakt? Gibt es genügend Kindergärten und Schulen? Gibt es ansprechende Freizeitmöglichkeiten?

Übersicht: Welche Standortfaktoren[10] sind die wichtigsten?

Rang	Standortfaktor
1	Nähe zu Absatzmärkten (Kundennähe)
2	Nachfragepotenzial (Einwohner, Kaufkraft)
3	Attraktivität des Standortes; Erweiterungsmöglichkeiten (Grundstück/Geschäftsräume)
4	Standortkosten (Grundstück, Miet- und Nebenkosten, Gewerbesteuer)
5	Verkehrslage (Parkplatzsituation, Erreichbarkeit durch Kunden, Lieferanten und Mitarbeiter)
6	Staatliche und behördliche Auflagen (gewerbe- und baurechtliche Verordnungen)
7	Konkurrenzsituation
8	Lebens- und Arbeitsbedingungen
9	Informationsbeschaffung (öffentliche und private Beratungseinrichtungen)
10	Nähe zu den eigenen Beschaffungsmärkten (Lieferantennähe)
11	Arbeitskräfteverfügbarkeit
12	Staatliche und kommunale Förderprogramme

---

[10] vgl. Untersuchung der IHK Osnabrück-Emsland

Bei der Ausstattung Ihrer Betriebsräume machen die Arbeitsstättenverordnung und die Arbeitsstättenrichtlinien Vorgaben. Diese beziehen sich vor allem auf Raumabmessung/Raumhöhen, Raumtemperaturen/Raumlüftung, Beleuchtung, Verkehrswege, Toiletten, Wasch- und Pausen- sowie Umkleideräume und Schallpegelwerte.

Zudem haben die Gewerbeordnung, die Unfallverhütungsvorschriften, die Emissionsschutzgrenzwerte der Technischen Anleitung (TA)-Lärm und TA-Luft Einfluss auf Ihren laufenden Betrieb. Die für Sie gültigen Vorschriften erhalten Sie über die zuständige Berufsgenossenschaft und das Gewerbeaufsichtsamt.

Kontaktadressen:
• Verband der Wirtschaftsförderungs- und Entwicklungsgesellschaft e.V.
Corveyer Allee 21
3761 Höxter
Tel. 05271/9743-0
• Arbeitsgemeinschaft Deutscher Technologie- und Gründerzentren e.V.
Rudower Chaussee 29
12489 Berlin
Tel. 030/63926221

Kleingründungen sind sehr häufig mobile Dienstleistungsunternehmen wie z.B. PC-Notdienst, Einkaufs- und Erledigungsdienste, Mobile Hair-Stylisten und Mobile Pflegedienste. Hier werden zumeist keine eigenen Betriebsräume angemietet. Es wird häufig von zu Hause aus gearbeitet. Der Standort ist allerdings meist von einer möglichst zentralen Lage in einer Stadt abhängig, um die Kundennähe zu gewährleisten.

Praktische Tipps:

- *Erkunden Sie, ob es für Ihre Betriebsräume Expansionsmöglichkeiten gibt. Sind Ausbauten möglich und bezahlbar, wenn das Unternehmen wächst und expandieren will?*
- *Stellen Sie fest, ob die Ausstattung der Betriebsräume ausreichend ist (z.B. Wärmeschutz, Heizung usw.).*
- *Sind Zufahrtsmöglichkeiten für PKW, LKW und Anlieferung vorhanden? Sind diese ausreichend (Breite, Höhe, Wendeflächen)?*
- *Erkundigen Sie sich anhand von Grundbuchauszügen, Bauakten, Altlastenkataster und anderen behördlichen Unterlagen, ob das Grundstück frei von Altlasten ist. Wurden vom Vorgänger beispielsweise wassergefährdende Stoffe eingesetzt? Wurden umweltbelastende Abfälle (Bauschutt) auf dem Grundstück abgelagert?*
- *Überlegen Sie auch, ob der Betriebsort attraktiv und werbewirksam genug ist. Hinterhof- und Garagenatmosphäre kommt nicht bei jeder Kundengruppe an.*

Baustein „Rechtsform" – Einzelunternehmen, Gesellschaft des bürgerlichen Rechts, GmbH

Ein festes Gerüst für Ihr Unternehmen stellt die Rechtsform dar. Je nach Wahl der Rechtsform hat dies unterschiedliche rechtliche, steuerliche und finanzielle Folgen. Man sollte daher mit den folgenden Fragen prüfen, welche Kriterien die Rechtsform erfüllen sollte:

- Wollen Sie Ihr Unternehmen allein oder mit Partner führen?
- Wollen Sie möglichst wenig Formalitäten bei der Gründung haben?
- Wie umfangreich sollte Ihre Haftung sein?
- Wie hoch ist Ihre Steuerbelastung?
- Passt die Rechtsform zu Ihrer Branche?
- Welchen Aufwand können oder wollen Sie für Ihre Buchführung betreiben?
- Sind Sie bereit, Ihre Unternehmensdaten zu veröffentlichen?
- Wie viel darf die Rechtsform kosten?
- Wer stellt Ihnen Ihr Startkapital zur Verfügung?

- Soll oder muss Ihr Unternehmen ins Handelsregister eingetragen werden?

Im Folgenden werden die Rechtsformen in Einzelunternehmen, Personengesellschaften (Gesellschaft des bürgerlichen Rechts, Offene Handelsgesellschaft, Partnergesellschaft, Kommanditgesellschaft), Kapitalgesellschaften (GmbH, GmbH & CO. KG, Kleine Aktiengesellschaft) und Genossenschaften eingeteilt.

a) Einzelunternehmen

Das **Einzelunternehmen** ist insbesondere für Kleingewerbetreibende, Handwerker, Dienstleister und freie Berufe geeignet. Es gibt nur einen Betriebsinhaber. Diese Rechtsform eignet sich zum Einstieg in die berufliche Selbstständigkeit. Wenn Sie als Einzelunternehmer klein anfangen, erfordern Ihre Umsätze und Ihr Geschäftsverkehr keine vollkaufmännische Einrichtung wie z.B. Buchhaltung. Man kann sich freiwillig ins Handelsregister eintragen lassen und damit alle Rechte und Pflichten eines Kaufmannes übernehmen.

Für das Einzelunternehmen ist kein Mindestkapital notwendig. Zudem haftet der Unternehmer unbeschränkt mit seinem gesamten Vermögen, auch mit dem Privatvermögen.

b) Personengesellschaften

Die **Gesellschaft des bürgerlichen Rechts** (GbR- oder BGB-Gesellschaft) ist insbesondere für Kleingewerbetreibende, Praxisgemeinschaften, freie Berufe und Arbeitsgemeinschaften vorgesehen. Es müssen mindestens zwei Gesellschafter gründen, der Gesellschaftsvertrag ist formfrei und es muss kein Mindestkapital aufgebracht werden. Die Gesellschafter haften für die Verbindlichkeiten der Gesellschaft gegenüber Gläubigern als Gesamtschuldner persönlich.

Die **offene Handelsgesellschaft** (OHG) ist für Kaufleute (keine Kleingewerbetreibenden) eine wichtige Rechtsform, die mit einem oder mehreren Partnern ein Handelsgeschäft eröffnen wollen. Der Gesellschaftsvertrag ist formfrei und es besteht Eintragungspflicht ins Handelsregister. Mindestkapital muss nicht aufgebracht werden. Die Gesellschafter haften für die Verbindlichkeiten der Gesellschaft gegenüber Gläubigern als Gesamtschuldner persönlich. Wegen der Bereitschaft zur persönlichen Haftung steht eine OHG bei Kreditinstituten und Geschäftspartnern in höherem Ansehen als z.B. eine GmbH.

Die **Partnerschaftsgesellschaft** (PartG) stellt vor allem für Freiberufler eine interessante Rechtsformmöglichkeit dar. Diese Form ist für die Kooperation unterschiedlicher freier Berufe geeignet. Es sind mindestens zwei Gesellschafter notwendig, ein schriftlicher Partnerschaftsvertrag, die Eintragung ins Partnerschaftsregister, jedoch kein Mindestkapital. Die Gesellschafter haften neben dem Vermögen der PartG für die Verbindlichkeiten der Gesellschaft als Gesamtschuldner persönlich.

Die **Kommanditgesellschaft** (KG) besteht aus einem oder mehreren Komplementär(en) (Vollhafter) und einem oder mehreren Kommanditisten (Teilhafter). In einer KG führen allein die Komplementäre die Geschäfte. Sie ist vorgesehen für Kaufleute, die zusätzliches Kapital benötigen, oder Gesellschafter, die keine persönliche Haftung übernehmen wollen und von der Geschäftsführung ausgeschlossen werden können. Der Gesellschaftsvertrag ist formfrei und es besteht Eintragungspflicht ins Handelsregister. Mindestkapital ist keines vorgeschrieben. Komplementäre haften für die Verbindlichkeiten der Gesellschaft gegenüber Gläubigern persönlich als Gesamtschuldner. Kommanditisten haften persönlich bis zur Höhe ihrer Einlage. Die persönliche Haftung für die Kommanditisten ist ausgeschlossen, soweit die Einlage geleistet ist.

c) Kapitalgesellschaften

Die **Gesellschaft mit beschränkter Haftung** (GmbH) ist vorgesehen für Unternehmer, die die Haftung beschränken oder nicht aktiv mitarbeiten wollen. Zur Gründung ist mindestens ein Gesellschafter (Ein-Personen-GmbH) notwendig, der Gesellschaftsvertrag muss notariell beurkundet werden, die Gesellschaft muss ins Handelsregister eingetragen werden und es muss ein Mindeststammkapital von 25.000 EUR aufgebracht werden.

Nach der GmbH-Reform (Gesetz zur Modernisierung des GmbH-Rechts und zur Bekämpfung von Missbräuchen) besteht die Möglichkeit eine Unternehmergesellschaft (haftungsbeschränkt) zu gründen. Dies ist eine GmbH-Variante, in der kein bestimmtes Mindeststammkapital benötigt wird. Sie kann mit nur einem Euro gegründet werden. Die Unternehmergesellschaft darf ihre Gewinne jedoch nicht voll ausschütten. Jedes Jahr müssen mindestens 25 Prozent der Gewinne auf das Stammkapital eingezahlt werden, bis 25.000 Euro erreicht sind. So soll das Mindeststammkapital der „normalen" GmbH nach und nach angespart werden.

Die Haftung bei der GmbH erfolgt in Höhe der Stammeinlage bzw. in Höhe des Gesellschaftsvermögens. Wenn die Einlage aus z.B. Liquiditätsgründen angegriffen wurde, haftet der Gesellschafter persönlich in Höhe des Differenzbetrages. Trotz beschränkter Haftung achten Kreditgeber in der Regel darauf, dass ihnen bei der Aufnahme von Krediten private Sicherheiten angeboten werden.

Die Besonderheit der **GmbH & Co. KG** besteht darin, dass der persönlich haftende Gesellschafter (Komplementär) statt einer natürlichen Person eine GmbH ist. Die Gesellschafter der GmbH sind meist gleichzeitig die Kommanditisten der KG. Von Bedeutung ist sie für Kaufleute, die zusätzliches Kapital benötigen oder Gesellschafter, die keine persönliche Haftung übernehmen wollen und von der Geschäftsführung ausgeschlossen werden können. Der Gesellschaftsvertrag ist formfrei, eine Eintragung ins Handelsregister ist notwendig. Die GmbH haftet als Komplementär mit ihrem Gesamtvermögen. Im Ergebnis haftet die GmbH & Co. KG wie eine GmbH zuzüglich der Kommanditeinlage.

Eine **kleine Aktiengesellschaft** (AG) ist eine Gesellschaft mit einer „kleinen" Zahl von Anteileignern, keine kleine Gesellschaft gemessen an Umsatz oder Arbeitnehmerzahl. Existenzgründer haben jetzt auch die Möglichkeit, die kleine Aktiengesellschaft allein zu gründen (als alleiniger Aktionär und Vorstand, jedoch zusätzlich 3 Aufsichtsräte). Der Vorstand der AG hat die Entscheidungsbefugnis und der Aufsichtsrat eine Kontrollbefugnis. Die kleine AG ist für Unternehmer, die zusätzliches Kapital benötigen und/oder zum ausschließlichen Zweck der Unternehmensübertragung, vorgesehen. Es ist eine notarielle Satzung und die Eintragung ins Handelsregister notwendig. Das Mindestgrundkapital beträgt 50.000 EUR. Die Haftung ist auf das Gesellschaftsvermögen beschränkt.

d) Genossenschaften

Die **eingetragene Genossenschaft** (eG) ist ein gemeinschaftlicher Geschäftsbetrieb in Form eines Kooperationsmodells für kleine und mittlere Unternehmen. Der Vorstand der Genossenschaft erfüllt im Auftrag seiner Mitglieder Aufgaben wie Einkauf, Auftragsakquisition und Abwicklung, Werbung, Sicherung von Qualitätsstandards und Fortbildungsmaßnahmen. Die Gründung muss durch mindestens 7 Mitglieder erfolgen. Zudem muss die Satzung schriftlich formuliert sein. Jedes Mitglied muss mindestens einen Geschäftsanteil zeichnen, deren Höhe in der Satzung festgelegt ist. Die Haftung ist für jedes Mitglied in Höhe der gezeichneten Geschäftsanteile festgelegt. Eine öffentliche Existenzgründungsförderung der Genossenschaft ist nur möglich, wenn sie als gewinnorientiert wirtschaftendes kleines oder mittleres Unternehmen auftritt.

Übersicht: Gewerbeanmeldungen[11] nach Art der Rechtsform 2006

Rechtsform	Anzahl der Gewerbe-anmeldungen
Einzelunternehmen	720.687
GmbH	77.530
GbR	40.515
GmbH & Co. KG	20.105
OHG, KG	4.727
AG	4.538
Sonstige Rechtsformen	5.046

Für das Kleinunternehmen stellt das Einzelunternehmen die typische Rechtsform dar. In Frage kommen in diesem Zusammenhang auch die Ein-Personen-GmbH oder die Ein-Personen-AG.

---

[11] vgl. Statistisches Bundesamt 2007

Kontaktadressen:
- Überregionale Deutsche Anwalt Auskunft des Deutschen Anwaltsvereins
Tel. 01805/181805
www.anwaltauskunft.de
- Bundesnotarkammer
Mohrenstr. 34
10117 Berlin
Tel. 030/383866-66
www.bnotk.de
- Bundesverband Deutscher Unternehmensberater e.V. (BDU)
Zitelmannstr. 22
53113 Bonn
Tel. 0228/9161-10
www.bdu.de

Praktische Tipps:

- *Lassen Sie sich bei schwierigeren vertraglichen Fragen von einem Rechtsanwalt, bei der Rechtsform und der Ausarbeitung von Gesellschafterverträgen von einem Notar und beim Management von einem Unternehmensberater beraten. Erste Hilfe kann man auch bei den IHKs oder Handwerkskammern kostenlos erhalten.*
- *Vor der Eintragung ins Handelsregister laufen bei GmbH und KG meist die Gründungsvorbereitungen auf Hochtouren z.B. werden Räume gemietet, Ausstattung gekauft, womöglich schon die ersten Aufträge erledigt. Bei der GmbH haftet in diesem Fall der handelnde Gesellschafter und bei der KG jeder Kommanditist für die finanziellen Verbindlichkeiten persönlich in voller Höhe, also ohne Beschränkung. Daher sollte man mit den unternehmerischen Aktivitäten bis nach der Handelsregistereintragung warten.*
- *Angenommen, die Gründungsaktivitäten einer GmbH haben das Startkapital bereits vor der Eintragung ins Handelsregister aufgezehrt. Fehlt Kapital, müssen die Gesellschafter das Defizit auffüllen, und zwar einschließlich der Schulden in voller Höhe. Die Haftungsbeschränkung greift also hier nicht. Bei der Eintragung muss das Kapital in voller Höhe vorhanden sein, nur die Ausgaben für Notar und Handelsregister dürfen fehlen.*
- *Gesetzt den Fall die Gesellschafter einer GbR fangen einfach mit der Arbeit an, ohne in einem Gesellschaftsvertrag Regeln für Geschäftsführung und Vertretung aufgestellt zu haben, dann gelten die umständlichen und schwerfälligen Regeln des Bürgerliches Gesetzbuches (BGB). Jede unternehmerische Entscheidung, die ansonsten per GbR-Vertrag auch ein Gesellschafter allein treffen könnte, muss in diesem Fall einstimmig beschlossen werden. Können sich die Gesellschafter aber nicht einigen, bleibt als letztes Mittel der Ausstieg.*

Baustein „Verträge" – Kaufverträge, Miet- und Pachtverträge

Gerade bei Verträgen gilt: erst prüfen, bevor man sich „ewig" bindet. Typische Vertragsarten für Existenzgründer sind:

- Kaufverträge
- Allgemeine Geschäftsbedingungen (AGB)
- Miet- und Pachtverträge
- Arbeitsverträge (siehe Unterkapitel „Personal").

Die folgenden Aspekte sollten bei der Vertragsgestaltung berücksichtigt werden:

- Geschlossene Verträge müssen eingehalten werden.
- Grundsätzlich können Verträge mündlich abgeschlossen werden. Das gilt z.B. für Dinge des täglichen Gebrauchs. Andere Verträge wie beispielsweise Bürgschaftserklärungen, Grundstücksverträge oder Abzahlungsverträge müssen schriftlich abgefasst werden. Grundstücksübereignungen und Belastungen von Grundstücken müssen außerdem notariell beurkundet werden. Das gilt auch für gesellschaftsrechtliche Verträge einer GmbH.
- Verträge sollten grundsätzlich lieber schriftlich abgeschlossen werden, auch wenn die Schriftform per Gesetz nicht vorgeschrieben ist. So können Missverständnisse vermieden werden.
- Jungunternehmer, die am Markt auftreten, müssen die einschlägigen Handelsgebräuche und Gepflogenheiten der Branche beachten. So entspricht es z.B. kaufmännischer Gepflogenheit, mündliche Absprachen schriftlich zu bestätigen.
- Zahlreiche gesetzliche Regelungen des Handelsgesetzbuches (HGB) verschärfen zusätzlich die rechtlichen Beziehungen zwischen Kaufleuten.
- Auch bestimmte Begriffe wie Gewährleistung, Haftungsausschluss oder auch Verbrauchsgüterkauf und die damit verbundenen weitreichenden Folgen sollten Unternehmern geläufig sein.

- Für die rechtliche Absicherung von „electronic commerce" Verträgen sorgt das Gesetz zur elektronischen Signatur. Verschlüsselungstechniken bei der elektronischen Unterschrift sollen Fälschungen verhindern.

Der **Kaufvertrag** ist einer der am häufigsten vorkommenden Verträge im Geschäftsleben. Täglich werden Maschinen, Autos, Möbel u.v.m. gekauft und verkauft. Immer wieder kommt es dabei auch zu Abwicklungsschwierigkeiten, z.B. wenn der Kaufpreis nicht oder nicht rechtzeitig gezahlt wird oder die Kaufsache fehlerhaft ist. Im Folgenden finden Sie einige Hinweise über Regelungen, die in einem Kaufvertrag nicht fehlen sollten:

- Genaue Bezeichnung der Vertragsparteien, z.B. bei juristischen Personen wie GmbH & Co.KG
- Inhalt des Vertrages, d.h. was ist Kaufgegenstand?
- Laufzeit und Kündigungsfristen des Vertrages
- Vereinbarung von Zahlungs- und Lieferbedingungen
- Festhalten von Gewährleistungen (Gesetzliche Regelung für bewegliche Sachen ab Abnahme: 2 Jahre)
- Bestimmen von Verzugsregelungen, d.h. was passiert, wenn der Vertrag nicht rechtzeitig erfüllt wird oder der Kaufpreis nicht rechtzeitig gezahlt wird?
- Welche Regelungen greifen, wenn der Vertrag nicht erfüllt wird? (Stichworte: Schadensersatz oder Neulieferung usw.)
- An welchen Ort ist der Kaufgegenstand zu liefern bzw. wo ist der Erfüllungsort des Kaufvertrages?
- Wie wird die Zahlung abgesichert? (z.B. Eigentumsvorbehalt oder Bürgschaft)
- Welche allgemeinen Geschäftsbedingungen (AGB) greifen?
- Welcher Gerichtsstand wird vereinbart?

In den **Allgemeinen Geschäftsbedingungen** (AGB) legt der Verkäufer die konkreten Bedingungen fest, zu denen ein Vertrag wirksam wird, z.B. die Gewährleistung oder Haftung des Verkäufers oder Herstellers. Die Vorschriften zu den AGB verhindern, dass ein Vertragspartner unangemessen benachteiligt wird.

Die Haftung für leichte Fahrlässigkeit bei Verletzung von Leben, Körper oder Gesundheit kann nicht ausgeschlossen werden. Die AGB müssen klar verständlich formuliert sein. Die Formulierung muss sich am Kundenkreis orientieren (z.B. Verbraucher, Unternehmer).

> Internetadresse:
> Muster von AGBs finden Sie unter
> folgender Internetadresse
> www.frankfurt-main.ihk/recht/mustervertrag
> /letztverbraucher/index.html

Bei Kaufverträgen ist der Verkäufer verpflichtet, eine mangelfreie Sache zu liefern (§ 433 BGB). Ein Sachmangel liegt dann vor, wenn die tatsächliche Beschaffenheit von der vereinbarten Beschaffenheit abweicht. Weiterhin, wenn die Sache von den Angaben in der Werbung oder auf der Packung abweicht, außer der Verkäufer kannte den Werbespot nicht oder konnte ihn nicht kennen oder die Werbung wurde vor Vertragsabschluss korrigiert oder der Käufer hätte das Produkt ohnehin gekauft. Zudem liegt ein Sachmangel vor, wenn die Sache durch den Verkäufer oder eine fehlerhafte Montageanleitung falsch montiert wurde oder der Verkäufer eine andere Sache oder eine zu geringe Menge geliefert hat.

Nach dem aktuellen Schuldrecht hat der Käufer die Möglichkeit der Nacherfüllung, d.h. Umtausch oder Nachbesserung je nach Wunsch des Käufers. Wenn die Nacherfüllung scheitert oder für den Verkäufer nicht möglich oder nicht zumutbar ist, besteht die Möglichkeit des Rücktritts (Erstattung des Kaufpreises), der Minderung (Herabsetzung des Kaufpreises) und ggf. Schadensersatz oder Ersatz von Aufwendungen.

Eine weitere wichtige Vertragsart für Existenzgründer stellen die **Miet- und Pachtverträge** dar. Was ist der Unterschied zwischen beiden Vertragsarten? Ein Mieter darf die Mietsache nur gebrauchen, ein Pächter dagegen ist auch berechtigt, einen bestimmten Nutzen aus der gepachteten Sache zu ziehen. Beispielsweise darf der Pächter einer Obstbaumwiese deren

Erträge also auch ernten und verkaufen und der Pächter einer Gaststätte darf darin seine Gäste bewirten und die Einnahmen behalten. Gewerberäume werden daher in der Regel verpachtet. Büros (z.b. Kanzleien, Praxen) hingegen können auch gemietet werden.

Für Kleinunternehmen sind neben Kaufverträgen auch Miet- oder Pachtverträge von Bedeutung. Schließen Sie als Kleinunternehmer/in Ihre Miet-/Pachtverträge nicht über allzu lange Laufzeiten ab. Der Vorteil ist zwar, dass in dieser Zeit eine ordentliche Kündigung durch den Vermieter ausgeschlossen ist. Das gibt Ihnen Planungssicherheit. Was aber, wenn es bei Ihnen geschäftlich nicht gut läuft und Sie kündigen wollen?

Praktische Tipps:

• *Beim Bundesministerium für Wirtschaft erhalten Sie Muster für einen Kauf- und einen Mietvertrag.*

• *Die Adressen der örtlichen Mietervereine des Deutschen Mieterbundes erfahren Sie unter der Telefonnummer 01805/835835 oder im Internet unter www.mieterbund.de .*

• *Angefochten werden können so genannte Knebelungsverträge, die die wirtschaftliche Handlungsfähigkeit eines Vertragspartners im Ganzen oder in wesentlichen Teilen so sehr beschränken, dass dieser seine freie Selbstbestimmung verliert (z.B. ungerechtfertigt lange Vertragsdauer).*

• *Bei der Anmietung von Geschäftsräumen sollte versucht werden, sich im Mietvertrag die Berechtigung zur Untervermietung einräumen zu lassen. Es besteht dann die Möglichkeit, einen Teil oder auch die ganzen Mieträume weiter zu vermieten, wenn die Geschäfte schlechter gehen sollten.*

Baustein „Privatentnahmen des Unternehmers" – Lebensunterhalt, Versicherungen, Kredite

Ein neu gegründetes Unternehmen muss möglichst schnell die privaten Ausgaben der Lebensführung des Unternehmers decken. Die Gründung einer selbstständigen Existenz lohnt sich nur dann, wenn Sie auf Dauer ausreichend Gewinn machen. Dies ist der Gedanke der Tragfähigkeit eines Existenzgründungsprojektes.

Die Privatentnahmen eines Unternehmers aus seinem Betriebsvermögen können im Folgenden in „Wohnen & Leben", „Versicherungen", „Mitgliedschaften/Abonnements", „Anlage" und „Kredite" untergliedert werden.

> Übersicht: Privatentnahmen des Unternehmers

	Beispiel	Ihre Daten
Wohnen & Leben		
Miete inklusive Nebenkosten	600 EUR	
Strom, Gas	50 EUR	
GEZ, Kabelfernsehen, Privat-TV	50 EUR	
Telefon & Internet (privat)	50 EUR	
Lebensunterhalt (Ernährung, Kleidung usw.)	430 EUR	
Benzin & Kfz-Pflege (privat)	50 EUR	
Versicherungen		
Hausratversicherung	10 EUR	
Lebensversicherung	50 EUR	
Haftpflichtversicherung	10 EUR	
Private Krankenversicherung	250 EUR	
Private Pflegepflichtver-Sicherung	25 EUR	
Unfallversicherung	20 EUR	
Kfz-Versicherung (privat)	80 EUR	
Kfz-Steuer (privat)	30 EUR	
Mitgliedschaften/Abonnements		
Zeitschriften	30 EUR	
Sportverein	20 EUR	
Kulturverein	10 EUR	
Förderverein	10 EUR	
Weiterbildung	50 EUR	
Anlage		
Fondsparen	200 EUR	
Altersvorsorge	500 EUR	
Kredite		
Privat-PKW	150 EUR	
Möbel	100 EUR	
Summe monatlich	2.775 EUR	
Summe jährlich	33.300 EUR	
Hierauf Einkommensteuer (StKl. 1; ledig; keine Kinder)	6.906 EUR	
Privatentnahmen jährlich	40.206 EUR	
Privatentnahmen monatlich	3.350,50 EUR	

Es stellt sich die Frage, wie viel Geld muss bzw. will ich mit meiner Selbstständigkeit verdienen, um meine laufenden privaten Kosten und eventuell die meiner Familie zu finanzieren? Wie viel will ich kurz-, mittel- und langfristig verdienen, um mir eine finanzielle Reserve zu schaffen?

Praktische Tipps:

- *Vergleichen Sie die Beitragsrückerstattungen bei verschiedenen Krankenkassen. So lassen sich u.U. zwischen 100-200 EUR im Jahr bei gleichen Leistungen sparen. Wählen Sie auf jeden Fall den Krankengeldanspruch, um bei Krankheit finanziell abgesichert zu sein.*
- *Als Gründer mit Gründungszuschuss müssen Sie sich i.d.R. nicht in der gesetzlichen Rentenversicherung pflichtversichern. Sie können auch eine günstigere private Altersvorsorge wählen.*
- *Kalkulieren Sie Ihre Privatentnahmen vom Betriebsvermögen nicht zu knapp und versuchen Sie alle Posten vollständig zu erfassen.*

Baustein „Finanzierung" – Eigenkapital, Fremdkapital, öffentliche Förderprogramme

Die häufigste Pleiteursache bei neu gegründeten Unternehmen sind Finanzierungsmängel (68,6 Prozent). Dementsprechend lesen Sie jetzt dieses wichtige Unterkapitel für die Existenzgründung.

Sie müssen sich um die Finanzierung kümmern, d.h. Geldquellen für Ihr Unternehmen finden. Quellen sind:

Eigenkapital – Ihr eigenes Geld und Beteiligungskapital

Fremdkapital – Bankkredite, aber auch öffentliche Fördermittel.

Es gibt eine Reihe wichtiger Fragen bei dem Thema Finanzierung:

- Wie viel Startkapital benötigen Sie?

- Wie wollen Sie das nötige Startkapital aufbringen?

- Wie viel eigenes Geld können Sie beisteuern?

- Welche Kreditmöglichkeiten bestehen bei Banken und Sparkassen?

- Welche öffentlichen Förderprogramme kommen in Frage?

● Wie können Bürgschaftsbanken weiterhelfen, wenn Sicherheiten fehlen?

Im Folgenden werden die Themenbereiche „Eigenkapital", „Fremdkapital", „Öffentliche Förderprogramme" und „Bürgschaftsbanken" behandelt.

a) Eigenkapital

Eigenkapital stellt ein Sicherheits- und Risikopolster dar, um finanzielle Engpässe zu vermeiden, die zum Konkurs führen können. Zudem ist Eigenkapital ein Zeichen für Ihre Kreditwürdigkeit gegenüber Geldgebern. Denn wer bereit ist, auch eigenes Geld zu riskieren, erweckt mehr Vertrauen bei den Kreditgebern. Der Anteil des Eigenkapitals am Gesamtkapital sollte möglichst nicht unter 20 Prozent liegen.

Folgende Quellen für Ihre Eigenmittel können genutzt werden:

● Unternehmer-Kapital. Diese insgesamt drei ERP-Darlehen wenden sich an Existenzgründer, junge Unternehmer und etablierte Unternehmen und verhelfen ihnen zu haftenden Eigenmitteln.

● Verwandte und Freunde bei geringeren Kapitalbedarfssummen

● Auch Teilhaber (Partner/Gesellschafter) können Ihnen zusätzliches Eigenkapital liefern. Allerdings wollen sie dafür in der Regel ein Mitspracherecht haben.

● Anstelle eines Partners können Sie sich auch eine öffentlich geförderte oder eine private Beteiligungsgesellschaft suchen. Die öffentlichen Beteiligungsgesellschaften der Bundesländer sind eigens geschaffen worden, um jungen Betrieben Mittel zur Verfügung zu stellen, die diese aus eigenen Ersparnissen oder Teilhabereinlagen allein nicht aufbringen können. Beteiligungen sind schon ab 50.000 EUR möglich.

Kontaktadresse:
Bundesverband Deutscher Kapital-
beteiligungsgesellschaften e.V. (BVK)
Reinhardtstr. 27c
10117 Berlin
Tel. 030/306982-0

Eigenkapitalanteil	Prozent der mit-telständischen Un-ternehmen
Bis 10 % Eigenkapital	31,6
Bis 20 % Eigenkapital	25,0
Bis 30 % Eigenkapital	18,4
Bis 40 % Eigenkapital	25,0

b) Fremdkapital

Eine weitere Finanzierungsquelle stellt Fremdkapital dar. Kredite erhalten Sie von Ihrer Hausbank zu den aktuellen Zinssätzen. Die Laufzeit eines Darlehens sollte mit der Nutzungsdauer der Investition übereinstimmen, die Sie mit dem Darlehen finanzieren wollen. Gerade in der Anfangsphase kann es verlockend sein, die Tilgung eines Darlehens möglichst lang zu strecken. Immerhin verbessern Sie so Ihre Zahlungsfähigkeit. Sie sollten dabei jedoch nicht außer Acht lassen, dass jede Tilgungsstreckung Ihr Darlehen verteuert.

Nach ihrer Laufzeit werden Kredite in kurz-, mittel- und langfristig eingeteilt. Eine kurzfristige Finanzierung (bis 12 Monate Laufzeit) besteht in einem **Kontokorrentkredit** (Kreditrahmen meist ein Monatsumsatz), einem **Lieferantenkredit** (in der Regel ein Zahlungsziel von 30 Tagen) oder einem **Wechsel**. Bei letztgenannter Möglichkeit stellt der Lieferant eine Wechselurkunde aus. Sie als Schuldner müssen das Geld zum Stichtag an den zuletzt im Wechsel vermerkten Gläubiger, also den Besitzer des Wechsels, zahlen.

Eine mittelfristige/langfristige Finanzierung (ab 12 Monate Laufzeit) stellt ein **Investitionskredit** zur Finanzierung des Anlagevermögens (z.B. Grundstücke, Gebäude, Maschinen, Fuhrpark) dar. Die Laufzeit des Kredites ist u.a. abhängig von Ihrer Kreditsumme, Ihrer Zahlungsfähigkeit und den Zinsen.

Nicht jeder Gründer hat bei der Kreditbeantragung Erfolg. Von Bedeutung ist ein gut vorbereitetes und richtig geführtes Ge-

---

[12] vgl. Creditreform, Wirtschaftslage Mittelstand, 2007

spräch mit dem Kundenberater einer Bank. Folgendes sollten Sie dabei beachten:

- Zur guten Vorbereitung gehört ein ausgereiftes Konzept, die Investitions- und Rentabilitätsplanung und die Absatzplanung.

- Erkundigen Sie sich, welche Unterlagen ggf. vor dem Gespräch eingereicht werden sollten.

- Schildern Sie, warum die geplanten Investitionen notwendig sind. Begründen Sie, welches Umsatz- und Ertragspotential die Investition schafft und wie Sie sich von der Konkurrenz abheben.

- Es spricht nichts dagegen, dass Sie einen Berater (Steuerberater, Unternehmensberater) mitnehmen. Doch reden müssen hauptsächlich Sie.

- Insbesondere Gründerinnen sollten die Rollenverteilung im Bankgespräch vorher regeln, wenn Sie einen Partner oder Berater mitnehmen. Es muss klar werden, dass die Gründerin die Hauptperson ist.

- Treten Sie selbstsicher und beharrlich auf. Wenn Sie nicht zeigen, dass Sie hundertprozentig hinter der geplanten Investition stehen, werden Sie die Bank nicht überzeugen.

- Werden Sie auf Probleme angesprochen, zeigen Sie Lösungsansätze auf. Sie beweisen damit Kompetenz.

- Suchen Sie nach der günstigsten Finanzierungsmöglichkeit. Dies sind meist öffentliche Fördermittel, ergänzt um ein Hausbankdarlehen.

- Bewährt hat es sich, wenn Sie gleich die in Frage kommenden Förderprogramme nennen können. Informieren Sie sich also vor dem Bankgespräch.

- Rechnen Sie damit, dass nicht jede Bank vor Ort Ihr Vorhaben finanzieren wird. Vereinbaren Sie deshalb Termine bei verschiedenen Banken.

- Sollte Ihre Kreditanfrage abgelehnt werden, erkundigen Sie sich unbedingt nach den Gründen. Nutzen Sie diese, um Ihr Konzept zu überprüfen und arbeiten Sie Ihre Argumente dort ein.

- Wer Fördermittel nutzen will, muss unbedingt die Fristen einhalten. Die Anträge sind vor der Investition zu stellen. Zwischen Antrag und Auszahlung können mehrere Wochen vergehen. Kalkulieren Sie die Bearbeitungszeit bei der Bank mit ein.

c) Öffentliche Förderprogramme

Durch öffentliche Förderprogramme von Bund und Ländern wird Ihr Start in die unternehmerische Selbstständigkeit unterstützt, insbesondere in den neuen Bundesländern. Grundsätzlich müssen öffentliche Fördermittel bei Ihrer Hausbank beantragt werden. Typisch für öffentliche Förderkredite sind günstige Zinsen, lange Laufzeiten und häufig eine rückzahlungsfreie Zeit. Die wichtigsten Förderkredite des Bundes, die die KfW Mittelstandsbank an die Hausbank des Antragstellers ausgibt, sind:

- KfW-StartGeld
- Unternehmerkredit
- Unternehmerkapital.

> Internetadresse:
> Die Förderdatenbank des Bundesministeriums für Wirtschaft finden Sie unter
> www.foerderdatenbank.de

Das **StartGeld** der KfW Mittelstandsbank ist ein zinsgünstiges Darlehen für Kleingründer und kleine Unternehmen bis zu 3 Jahre nach dem Start, deren Fremdfinanzierungsbedarf nicht mehr als 50.000 EUR beträgt. In der Regel brauchen Sie als Antragsteller nur geringe Sicherheiten zur Verfügung stellen, da dieses Darlehen auch mit einer standardmäßigen 80-prozentigen Haftungsfreistellung für die Hausbank ausgestattet ist. Dies bedeutet, dass die KfW gegenüber der Hausbank mit 80 Prozent der offenen Forderungen haftet, wenn der Kreditnehmer seinen Kredit nicht zurückzahlen kann.

Mit dem **Unternehmerkredit** unterstützt die KfW Mittelstandsbank auch Existenzgründer mit ausreichender fachlicher und kaufmännischer Qualifikation. Zudem ist er für mittelständische

Unternehmen mit einem Jahresumsatz von maximal 500 Mio. Euro gedacht.

Er finanziert langfristige, zinsgünstige Investitionen, die einen nachhaltigen wirtschaftlichen Erfolg erwarten lassen, insbesondere den Erwerb von Grundstücken und Gebäuden, auch Baumaßnahmen sowie den Kauf von Maschinen, Anlagen und Einrichtungsgegenständen.

Beim **Unternehmerkapital** handelt es sich um Darlehen, die für Gründer sowie kleine und mittlere Unternehmen günstige und vorteilhafte Konditionen beinhalten. Gewährt wird ein langfristiges „Nachrangdarlehen". D.h. die KfW als Darlehensgeber steht in der Reihe der Gläubiger ganz hinten. Es gibt drei Varianten:

- **ERP-Kapital für Gründung** (bis zwei Jahre nach der Geschäftsaufnahme möglich) fördert betriebsnotwendige Investitionen (z.B. Grundstücks- und Gebäudekosten, Kosten für Betriebs- und Geschäftsausstattung) und branchenübliche Markterschließungsaufwendungen.

- Für **ERP-Kapital für Wachstum** (Geschäftsaufnahme liegt mehr als zwei und höchstens fünf Jahre zurück) muss das Unternehmen insgesamt kreditwürdig sein sowie eine noch ausreichende Bonität (Zahlungsfähigkeit) und positive Zukunftsaussichten aufweisen. Mitfinanziert werden neben betriebsnotwendigen Investitionen auch Aufwendungen für die Beschaffung und Aufstockung des Warenlagers.

- **Kapital für Arbeit und Investitionen** (Geschäftsaufnahme liegt mehr als fünf Jahre zurück) fördert langfristige Investitionen, die einen nachhaltigen wirtschaftlichen Erfolg erwarten lassen und mit denen Arbeitsplätze geschaffen oder gesichert werden. Finanziert werden beispielsweise Grundstücke und Gebäude, Baumaßnahmen, Kauf von Maschinen, Anlagen und Einrichtungsgegenständen.

Kontaktadresse:
KfW Bankengruppe
Palmengartenstr. 5-9
60325 Frankfurt
Tel. 069/7431-0
www.kfw.de

Übersicht: Gründe[13] für die Ablehnung von Krediten 2005

Grund	Angaben in Prozent
Unzureichende Sicherheit	47,5
Eigenkapitalquote zu niedrig	44,8
Veränderte Geschäftspolitik der Bank	31,2
Rentabilität des Unternehmens zu gering	30,1
Investitionsvorhaben zu risikoreich	15,5
Investitionsvorhaben überzeugte inhaltlich nicht	3,6
Formale Darstellung überzeugte nicht	2,5

d) Bürgschaftsbanken

Mangelt es beim Kreditnehmer an ausreichenden Sicherheiten, so können private oder öffentliche Bürgschaften von Bürgschaftsbanken weiterhelfen. Für die Banken, Sparkassen und andere Finanzierungsinstitute sind so genannte Ausfallbürgschaften vollwertige Kreditsicherheiten. Die Bürgschaftsbank bürgt hier für einen Kreditnehmer bei dessen Hausbank für einen Kredit. Sie bürgt allerdings nur bis zu 80 Prozent der Summe, für die eine Bürgschaft beantragt wurde. Für die restlichen 20 Prozent dieser Summe haftet der Kreditnehmer selbst.

Bürgschaften der Bürgschaftsbanken gibt es für alle gewerblichen Unternehmen und Freiberufler, denen wegen fehlender Absicherung kein oder kein ausreichender Kredit gewährt wurde. Voraussetzung ist, dass das Finanzierungsvorhaben betriebswirtschaftlich sinnvoll ist.

---

[13] vgl. KfW Mittelstandsbank 2005

Eine Bürgschaft wird in der Regel über Ihre Hausbank beantragt. Zudem ist zu berücksichtigen, dass Bürgschaftsbanken
ein besonders großes Risiko übernehmen und deshalb aktuelle
und umfassende Informationen über das Finanzierungsvorhaben brauchen.

Kontaktadresse:
Verband der Bürgschaftsbanken e.V.
Dottendorfer Str. 86
53129 Bonn
Tel. 0228/9768886
www.vdb-info.de

Praktische Tipps:
- *Beachten Sie bei einer Kreditfinanzierung, dass keine zu hohen Fixkos-
tenbelastung auftritt.*
- *Versuchen Sie eine Überschreitung des Finanzbudgets durch nicht ein-
geplante zusätzliche Investitionen zu vermeiden.*
- *Geben Sie nicht Ihre letzten Kreditsicherheiten her, die dann zur Finan-
zierung des Umsatzwachstums fehlen.*
- *Verhandeln Sie rechtzeitig mit Ihrer Hausbank wegen Anschlusskredi-
ten.*
- *Bei öffentlichen Fördermitteln ist meist eine tilgungsfreie Zeit festgelegt.
Planen Sie rechtzeitig Ihre Liquidität (Zahlungsfähigkeit), wenn dann die
Tilgung einsetzt.*
- *Ein häufiger Finanzierungsfehler ist auch, dass man kurzfristige Kredite
(Kontokorrent) für die Finanzierung langfristiger Investitionen verwendet.*

Baustein „Steuern" – Einkommen-, Körperschafts-, Gewerbe-, Umsatzsteuer

Existenzgründer sind zunächst wie alle anderen Steuerzahler
darauf angewiesen, die bestehenden Steuergesetze optimal
für ihre Situation zu nutzen. Lassen Sie sich dabei ggf. durch einen Steuerberater unterstützen. Nachfolgend werden diese
wichtigen Steuern für Existenzgründer behandelt:

- Einkommensteuer

- Kirchensteuer

- Körperschaftssteuer
- Lohnsteuer
- Gewerbesteuer
- Umsatzsteuer/Vorsteuer.

Jede natürliche Person, die Einkommen erwirtschaftet oder bezieht, muss **Einkommensteuer** zahlen – also auch jeder Unternehmer. Sie richtet sich nach dem persönlichen Gewinn, den Sie nach Abzug aller Betriebsausgaben mit Ihrem Unternehmen erwirtschaften. Im ersten Jahr der Selbstständigkeit geht das Finanzamt dabei von den Angaben über den erwarteten Gewinn aus. Von dem zu versteuernden Einkommen bleibt ein Grundfreibetrag (in 2007: 7.664 EUR pro Person) steuerfrei. Einkommen, das über dem Grundfreibetrag liegt, muss versteuert werden. Der Eingangssteuersatz liegt seit 1.01.2005 bei 15 Prozent und der Spitzensteuersatz bei 42 Prozent. Im Jahr 2007 kam die so genannte „Reichensteuer" dazu. Ab einem steuerpflichtigen Jahreseinkommen von 250.001 EUR fällt ein Steuersatz von 45 Prozent an.

Das Finanzamt legt jährlich eine bestimmte Summe fest, die Sie als Vorauszahlung vierteljährlich überweisen müssen. Die Steuererklärung für das gesamte Kalenderjahr wird im Folgejahr erstellt und die Steuerschuld mit den Vorauszahlungen verrechnet. Um die Startbedingungen für Existenzgründer und Kleinunternehmen zu verbessern, wurden die Buchführungsgrenzen für den Umsatz auf 550.000 EUR und für den Gewinn auf 50.000 EUR angehoben.

Selbstständige Angehörige der evangelischen oder katholischen Kirche müssen mit der Einkommensteuervorauszahlung **Kirchensteuer** zahlen. Die Höhe hängt von der Einkommensteuer und dem Kirchensteuersatz der einzelnen Bundesländer ab.

Für juristische Personen (z.B. GmbH, AG, Genossenschaft) fällt **Körperschaftssteuer** an. Sie wird auf nicht ausgeschüttete und ausgeschüttete Gewinne des Unternehmens erhoben. Die Gesellschafter müssen die an sie ausgeschütteten Gewinne dann im Rahmen ihrer Einkommensteuer zur Hälfte der Einkommensteuer unterwerfen. Der Steuersatz beträgt seit dem Jahr 2008

15 Prozent für eingehaltene und ausgeschüttete Gewinne. Auch hier legt das Finanzamt jährlich eine bestimmte Summe fest, die als Vorauszahlung vierteljährlich überwiesen werden müssen.

Wenn Sie Mitarbeiter beschäftigen, müssen Sie als Arbeitgeber die **Lohnsteuer** einbehalten und an das Finanzamt weiterleiten. Die Überweisungen an das Finanzamt müssen je nach Zeitraum der Lohnzahlung wöchentlich oder monatlich durchgeführt werden.

Gewerbesteuer muss jeder Gewerbebetrieb (z.B. Industrie, Handel, Handwerk, Dienstleistungen) zahlen und zwar an die Städte und Gemeinden. Ausgenommen sind freie Berufe und Landwirtschaft. Die Höhe der Gewerbesteuer ergibt sich aus dem Ertrag eines Gewerbebetriebes. Dieser Betrag wird dann noch multipliziert mit dem so genannten Hebesatz, der immer für eine bestimmte Gemeinde gilt. Dies ist je nach Standort zwischen 200 und fast 500 Prozent. Natürlichen Personen und Personengesellschaften steht ein Steuerfreibetrag von 24.500 EUR zur Verfügung. Für Gewerbeerträge bis 72.500 EUR gelten ermäßigte Steuermesszahlen.

Bei jedem Ein- und Verkauf von Produkten und Dienstleistungen wird **Umsatzsteuer** fällig. Der allgemeine Umsatzsteuersatz beträgt derzeit 19 Prozent, der ermäßigte Satz 7 Prozent (z.B. für Lebensmittel, Druckereien, Kunst- und Medienberufe). Als Unternehmer sind Sie dazu verpflichtet, diese Umsatzsteuer Ihren Kunden in Rechnung zu stellen und im Rahmen der regelmäßigen Umsatzsteuer-Voranmeldung (bei größerem Umsatz pro Monat; bei kleinerem Umsatz pro Quartal) an das Finanzamt abzuführen. Dabei können Sie vorher die Vorsteuern abziehen, die Sie wiederum im selben Zeitraum z.B. an Ihre Lieferanten bezahlt haben.

Kleinunternehmer, deren Umsatz im laufenden Kalenderjahr voraussichtlich 50.000 EUR nicht übersteigen und die im Jahr zuvor nicht mehr als 17.500 EUR Umsatz gemacht haben, können sich von der Umsatzsteuer befreien lassen (Stand: 2008) . Sie müssen dann alle Rechnungen ohne Umsatzsteuer stellen und können folglich auch keine Vorsteuer geltend machen.

Um Ihren Steuerpflichten als Gründer nachkommen zu können, müssen Sie Geschäfts-Unterlagen und alle geschäftlichen Belege aufbewahren, auch die für die Vorbereitung Ihrer Existenzgründung z.B. Reisekosten und Beratungshonorare. Solche Vorlaufkosten sind bereits Betriebsausgaben und können steuermindernd wirken. Zudem müssen Sie die Geschäftsvorfälle sorgfältig aufzeichnen und Steuererklärungen abgeben. Es müssen Steuer-Vorauszahlungen geleistet und Steuerbescheide bezahlt werden. Je nach Höhe des Gewinns müssen Sie eventuell nach dem ersten (und je nach Gewinn allen weiteren) Geschäftsjahren Steuern an das Finanzamt nachzahlen.

Zusammenfassend fällt für die meisten Kleingründungen vor allem Einkommensteuer an. Kleingründer können den Freibetrag bei der Gewerbesteuer und meist auch die Kleinunternehmerregelung bei der Umsatzsteuer in Anspruch nehmen. Sollte es sich um eine Ein-Personen-GmbH handeln, dann würde Körperschaftssteuer anfallen. Bei einer Gründung aus der Arbeitslosigkeit ist der Gründungszuschuss steuerfrei und wird dementsprechend nicht bei der Berechnung des Steuersatzes vom zu versteuernden Einkommen berücksichtigt. Die Finanzämter bieten die Möglichkeit eine elektronische Steuererklärung mit dem ElsterFormular unter www.elster.de abzugeben. Das Elsterformular unterstützt folgende Steuererklärungen:

Einkommensteuer

Umsatzsteuer

Gewerbesteuer

Umsatzsteuer-Voranmeldung

Lohnsteuer-Anmeldung

Lohnsteuerbescheinigung

Kontaktadresse:
Bundessteuerberaterkammer
Neue Promenade 4
10178 Berlin
Tel. 030/240087-0
www.bstbk.de

Praktische Tipps:

- *Beachten Sie, dass, wenn Ihre Geschäfte gut laufen, das Finanzamt im dritten oder vierten Jahr etwa die Steuerforderungen drastisch erhöht.*
- *Viele junge Unternehmen starten als GmbH. Dies hat den Nachteil, dass Lohnsteuer für das Geschäftsführergehalt anfällt, obwohl das junge Unternehmen womöglich noch gar keinen Gewinn macht.*
- *Wenn Sie Familienmitglieder ohne Arbeitsvertrag und Gehalt beschäftigen, verschenkt die Familie Steuern. Denn bei der Einkommensteuer hat jedes Familienmitglied, vom Urgroßvater bis zum Neugeborenen, gleich eine ganze Reihe persönlicher Freibeträge, die oft ungenutzt verfallen.*
- *Ein häufiges Problem bei der Umsatzsteuer sind nicht ordnungsgemäße Belege (z.B. ist auf Rechnungsbelegen für gekaufte Waren die Umsatzsteuer nicht ausgewiesen). Es wird dann der Vorsteuerabzug nicht anerkannt. Dadurch wird bares Geld verschenkt.*
- *Zu niedrige Steuervorauszahlungen können zu hohen Steuernachzahlungen führen.*

Baustein „Personal" – Minijobs, Midijobs, Teilzeit- und Vollzeitarbeitsverhältnisse

Mitarbeiter werden zunehmend zum entscheidenden Faktor im Wettbewerb. Nur die Unternehmen werden sich dauerhaft einen Wettbewerbsvorsprung verschaffen, die über qualifiziertes und motiviertes Personal verfügen. Dafür existiert eine ganze Vielfalt von Arbeitsverhältnissen.

Bei **Mini-Jobs** (geringfügige Beschäftigung bis 400 EUR monatlich) zahlt der Arbeitgeber pauschal 30,1 Prozent (vor allem Sozialversicherungsbeiträge und Lohnsteuer) vom Lohn an die Minijob-Zentrale bei der Deutschen Rentenversicherung Knappschaft-Bahn-See. Für Arbeitnehmer fallen keine Sozialversicherungsbeiträge an. Kleinbetriebe mit bis zu 30 Mitarbeitern zahlen zusätzlich 0,1 Prozent in die Lohnfortzahlungsversicherung der Minijob-Zentrale.

Kontaktadresse:
Servicetelefon der Minijob-Zentrale
Tel. 01801-200504
www.minijob-zentrale.de

60

Bei **Midi-Jobs** (Niedriglohnjobs zwischen 400,01 bis 800 EUR monatlich) zahlt der Arbeitgeber den regulären Sozialversicherungsbeitrag von etwa 21 Prozent (Stand: 2006). Der Arbeitnehmer zahlt einen progressiv steigenden Sozialversicherungsbeitrag, je nach Höhe des Lohns. Zudem fällt je nach Lohnsteuerklasse der entsprechende Lohnsteuersatz an.

Freien Mitarbeitern können Sie als Arbeitgeber fest umrissene Aufträge übertragen. Arbeitsrechtliche Vorschriften gelten für diese nicht. Ihre freien Mitarbeiter erhalten für ihre Leistungen ein vereinbartes Honorar, das diese selbst versteuern müssen.

Ein weiterer wichtiger Bereich sind **Teilzeit- und befristete Arbeitsverhältnisse**. In Betrieben mit mehr als 15 Arbeitnehmern haben Arbeitnehmer, deren Arbeitsverhältnis länger als sechs Monate besteht, Anspruch auf Verringerung der Arbeitszeit. Unternehmer können befristete Arbeitsverträge schließen, wenn ein sachlicher Grund besteht, z.B. ein vorübergehender betrieblicher Bedarf (u.a. Kampagnen, Saisonarbeitsplätze). Ohne konkreten Grund ist die Befristung von Arbeitsverhältnissen bis zu zwei Jahren möglich. Seit 1.01.2004 können Existenzgründer in den ersten vier Jahren des Bestehens eines neu gegründeten Unternehmens befristete Arbeitsverträge ohne sachlichen Grund der Befristung bis zu vier Jahren abschließen.

Leih- und Zeitarbeitsverhältnisse werden über Zeitarbeitsfirmen und/oder über die Personal-Service-Agenturen (PSA) vermittelt. Bei den PSA handelt es sich um Zeitarbeitsunternehmen, die im Rahmen von Ausschreibungen der Agenturen für Arbeit beauftragt werden. Im günstigsten Fall soll das Unternehmen die geliehenen Mitarbeiter in ein festes Arbeitsverhältnis übernehmen.

Bei **Vollzeitarbeitsverhältnissen** gelten für neu gegründete Unternehmen die arbeitsrechtlichen Mindestbedingungen.

Welche Pflichten bestehen nun für Sie als Arbeitgeber bei Arbeitsverhältnissen?

Sie müssen Ihre Mitarbeiter bei der **Krankenkasse** zur Renten-, Kranken-, Pflege- und Arbeitslosenversicherung anmelden. Zudem ist eine Meldung bei der Berufsgenossenschaft zur beruflichen Unfallversicherung notwendig.

Sie müssen als Arbeitgeber regelmäßig diese **Beiträge** bezahlen. Die Hälfte der Sozialversicherungsbeiträge für Ihre Mitarbeiter behalten Sie vom Lohn ein, die andere Hälfte legen Sie als Arbeitgeber dazu. Die Prämie der Berufsgenossenschaft bezahlt der Arbeitgeber ganz.

Der gesetzliche **Mindesturlaub** beträgt 20 Werktage pro Jahr bei 5-Tage-Woche; für Jugendliche bis einschließlich 18 Jahre zwischen 25 und 30 Tage – je nach Alter. Tarifverträge sehen meist darüber hinausgehende Urlaubsansprüche vor.

Prüfen Sie, ob auf das Arbeitsverhältnis das **Kündigungsschutz-gesetz** Anwendung findet (allgemeiner Kündigungsschutz). Seit 1.01.2004 gilt das Kündigungsschutzgesetz in Betrieben mit in der Regel mehr als 10 Arbeitnehmern (ausschließlich der zu ihrer Berufsbildung Beschäftigten). Teilzeitbeschäftigte Arbeit-nehmer werden jeweils anteilig berücksichtigt (bis 20 Wochen-stunden mit 0,5; bis 30 Wochenstunden mit 0,75).

Die Anwendung des Kündigungsschutzgesetzes setzt weiterhin voraus, dass das Arbeitsverhältnis in einem Betrieb ununter-brochen mindestens sechs Monate bestanden hat. Nach dem Kündigungsschutzgesetz ist eine Kündigung nur dann rechts-wirksam, wenn sie sozial gerechtfertigt ist, d.h. wenn sie durch Gründe, die in der Person oder in dem Verhalten des Arbeit-nehmers liegen, oder durch dringende betriebliche Erforder-nisse, die einer Weiterbeschäftigung des Arbeitnehmers ent-gegenstehen, bedingt ist.

Die gesetzliche Grundkündigungsfrist für Arbeitgeber und Ar-beitnehmer beträgt vier Wochen zum 15. oder zum Ende eines Kalendermonats. Bei einer mehr als zweijährigen Dauer des Arbeitsverhältnisses muss der Arbeitgeber längere Kündigungs-fristen einhalten, z.B. nach zwei Jahren eine Frist von einem Monat zum Kalendermonatsende, nach fünf Jahren eine Frist von zwei Monaten zum Kalendermonatsende. Die gesetzli-chen Kündigungsfristen sind in § 622 des Bürgerlichen Gesetz-buches (BGB) geregelt. In Tarifverträgen können vom Gesetz abweichende (längere oder kürzere) Kündigungsfristen ver-einbart werden.

Für bestimmte Personengruppen z.B. Schwangere, Mütter bis zum Ablauf von vier Monaten nach der Entbindung, Arbeit-nehmer während der Elternzeit, schwer behinderte Menschen, Wehr- oder Zivildienstleistende, Betriebsratsmitglieder besteht besonderer Kündigungsschutz. Für diese Arbeitnehmer besteht

Kündigungsverbot durch den Arbeitgeber bzw. ist zur arbeitgeberseitigen Kündigung die Zustimmung einer staatlichen Behörde einzuholen.

Im Folgenden finden Sie einen Muster-Arbeitsvertrag[14] für Arbeiter und Angestellte ohne Tarifbindung, den Sie als Arbeitgeber individuell nach ihren Anforderungen noch abändern können.

---

[14] aus: Bayerischer Industrie- und Handelskammertag: Ich mache mich selbständig. München, 2003. S. 54 f.

MUSTER EINES ARBEITSVERTRAGES
für Arbeiter und Angestellte (ohne Tarifbindung)

Zwischen .... (Arbeitgeber)
      (voller Name und Anschrift)

und

Herrn/Frau ....(Arbeitnehmer/in)
     (Vor- und Zuname und Anschrift)

wird folgender Arbeitsvertrag geschlossen:

§ 1 Beginn des Arbeitsverhältnisses, Arbeitsort

Das Arbeitsverhältnis beginnt am ....

§ 2 Befristete Probezeit

Das Arbeitsverhältnis ist zunächst auf 3 Monate befristet. Diese Zeit gilt als Probezeit. Während der Probezeit kann das Arbeitsverhältnis beiderseits mit einer Frist von 2 Wochen gekündigt werden.

§ 3 Tätigkeit

Herr/Frau .... wird als ....
eingestellt und vor allem mit folgenden Arbeiten beschäftigt:

....

....

Er/sie verpflichtet sich, auch andere zumutbare Arbeiten auszuführen, die nicht mit einer Minderung der Arbeitsvergütung verbunden sind.

§ 4 Arbeitsvergütung

Der/die Arbeitnehmer/in erhält eine monatliche Bruttovergütung von ....
EUR. (Erhält einen Stundenlohn von zur Zeit .... EUR). (evt. Angabe von Zulagen, Prämien und Sonderzahlungen). Überstunden werden mit der normalen Stundenvergütung vergütet. Ab der 4. Mehrarbeitsstunde in der Woche wird ein zusätzlicher Überstundenzuschlag in Höhe von 25 % gezahlt.

Soweit eine zusätzliche Leistung vom Arbeitgeber gewährt wird, ist diese freiwillig und kann jederzeit nach freiem Ermessen widerrufen oder angerechnet werden. Sondervergütungen können für die Zeiten der Arbeitsunfähigkeit infolge Krankheit für jeden Tag der krankheitsbedingten Arbeitsunfähigkeit um............... EUR gekürzt werden. (Die Kürzung pro Arbeitstag darf ein Viertel des Arbeitsentgelts, das im Jahresdurchschnitt auf einen Arbeitstag entfällt, nicht überschreiten) Ein Rechtsanspruch auf eine Weihnachtsgratifikation besteht nicht. Wenn eine solche gewährt wird, so handelt es sich um eine freiwillige Leistung, auf die auch bei mehrfacher Gewährung kein Rechtsanspruch besteht. Voraussetzung für die Gewährung einer Gratifikation ist stets, dass das Arbeitsverhältnis am Auszahlungstag weder beendet noch gekündigt ist. Bei Gewährung einer Gratifikation kann diese für jeden Monat, für den Elternzeit genommen wird, um 1/12 gekürzt werden.

§ 5 Arbeitszeit

Die regelmäßige wöchentliche Arbeitszeit beträgt z.Zt. .... Stunden. Die Verteilung der Arbeitszeit auf die einzelnen Wochentage und die Festlegung von Beginn und Ende der täglichen Arbeitszeiten richten sich nach den Weisungen des Arbeitgebers.

§ 6 Urlaub

Der Urlaubsanspruch beträgt .... Arbeitstage im Kalenderjahr. Die rechtliche Behandlung des Urlaubes richtet sich im übrigen nach den Bestimmungen des Bundesurlaubsgesetzes.

§ 7 Krankheit

Ist der/die Arbeitnehmer/in infolge unverschuldeter Krankheit arbeitsunfähig, so besteht Anspruch auf Fortzahlung der Arbeitsvergütung bis zur Dauer von 6 Wochen nach den gesetzlichen Bestimmungen. Die Arbeitsverhinderung ist dem Arbeitgeber unverzüglich mitzuteilen. Dauert die Arbeitsunfähigkeit länger als 3 Kalendertage, hat der Arbeitnehmer eine ärztliche Bescheinigung über das Bestehen der Arbeitsunfähigkeit sowie deren voraussichtliche Dauer spätestens an dem darauf folgenden Tag vorzulegen. Ansprüche auf Fortzahlung der Arbeitsvergütung während der Dauer der Pflege eines erkrankten Kindes werden ausgeschlossen.

§ 8 Verschwiegenheitpflicht

Der/die Arbeitnehmer/in verpflichtet sich, über alle betrieblichen Angelegenheiten, die ihm im Rahmen oder aus Anlass seiner Tätigkeit in der Firma zur Kenntnis gelangen, auch nach seinem Ausscheiden Stillschweigen zu bewahren.

§ 9 Nebentätigkeit

Während der Dauer des Arbeitsverhältnisses ist jede Nebenbeschäftigung untersagt, die die Arbeitsleistung des/der Arbeitnehmer/in oder die Interessen der Firma in sonstiger Weise beeinträchtigen kann. Vor Aufnahme einer Nebentätigkeit ist der Arbeitgeber zu informieren.

§ 10 Lohn- und Gehaltspfändung

Für den Fall einer Lohnpfändung ist der Arbeitgeber berechtigt, eine Bearbeitungsgebühr von 5 % des jeweils abzuführenden Betrages einzubehalten.

§ 11 Kündigung

Nach Ablauf der Probezeit richtet sich die Kündigungsfrist nach den gesetzlichen Vorschriften. Die Kündigung bedarf der Schriftform. Vor Antritt des Arbeitsverhältnisses ist die Kündigung ausgeschlossen.

§ 12 Verwirkung von Ansprüchen

Der/die Arbeitnehmer/in muss Ansprüche aus dem Arbeitsverhältnis innerhalb von 3 Monaten nach der letzten Vergütungsabrechnung geltend machen. Andernfalls sind sie verwirkt.

§ 13 Zusätzliche Vereinbarung

(Evt. Einbeziehung tarifvertraglicher Regelungen)

....

....

§ 14 Vertragsänderungen

Änderungen und Ergänzungen dieses Vertrages bedürfen der Schriftform.

....
Ort, Datum

....
Arbeitgeber   Arbeitnehmer/in

Internetadresse:
Die neuesten Arbeitsgesetze finden
Sie unter www.bmas.bund.de
und www.existenzgruender.de

Praktische Tipps:

- *Arbeitszeitgesetz: Bestimmung der regelmäßigen Arbeitszeit mit Sonder-regelungen*
- *Arbeitsstättenverordnung: Einrichtung und Unterhaltung von Arbeits-stätten, Bestimmungen über Raumgröße, Beleuchtung, Temperatur, Sani-tärräume und Pausenräume*
- *Berufsbildungsgesetz: Generelle Regelungen zur Berufsausbildung*
- *Bundesurlaubsgesetz: Gesetzliche Regelung des Erholungsurlaubes*
- *Betriebsverfassungsgesetz: Regelung der Mitwirkungsrechte der Be-schäftigten bei betrieblichen Entscheidungen, Betriebsrat*
- *Heimarbeitsgesetz: Beschäftigung von Heimarbeitern, Regelung der Formalitäten*
- *Jugendarbeitsschutzgesetz: Beschäftigungsmöglichkeit von Jugendli-chen, Ruhe- und Freizeitregelungen, Verbote für bestimmte Beschäfti-gungen*
- *Kündigungsschutzgesetz: Schutz vor sozial ungerechtfertigten Kündi-gungen*
- *Bürgerliches Gesetzbuch: § 622 Gesetzliche Kündigungsfristen, § 623 Schriftform der Kündigung und des Aufhebungsvertrages, § 626 fristlose Kündigung aus wichtigem Grund, § 629 Freizeit zur Stellensuche, § 630 Pflicht zur Zeugniserteilung*
- *Entgeltfortzahlungsgesetz: Regelt Anspruch, Höhe und Dauer der Lohn-/Gehaltszahlung während Krankheit und an Feiertagen*
- *Mutterschutzgesetz: Arbeitseinschränkungen und Kündigungsschutz für werdende Mütter Verordnung über ausländische IT-Fachkräfte: Regelung zur Arbeitsgenehmigung und die Aufenthaltserlaubnis für hochqualifizier-te ausländische Fachkräfte der Informations- und Kommunikationstech-nologie (Green Card)*
- *Gesetz zur Gleichstellung behinderter Menschen: Gleichstellung und Barrierefreiheit für behinderte Menschen*
- *Teilzeit- und Befristungsgesetz: Regelungen zur Flexibilisierung der Ar-beitszeit und der Befristung von Arbeitsverträgen*
- *Schwerbehindertengesetz: Regelung der Beschäftigungspflicht von Schwerbehinderten, besondere Kündigungs- und Urlaubsfristen.*

Baustein „Versicherungen" – Betriebliche Versicherungen, persönliche Absicherung als Unternehmer

Jeder Unternehmer und Freiberufler kann Vorsorge treffen gegen Schäden, die beispielsweise durch Diebstahl, Wasserrohrbruch, Fahrlässigkeit oder eigene Krankheit entstehen. Gerade für Existenzgründer kann der Traum vom eigenen Betrieb schnell zu Ende gehen, wenn solche Pannen aus eigener Tasche bezahlt werden müssen.

Im Folgenden werden betriebliche Versicherungen (z.B. Betriebs-Unterbrechungsversicherung) und die persönliche Absicherung als Unternehmer (z.B. Krankenversicherung) behandelt.

a) Betriebliche Versicherungen

Als Existenzgründer sollten Sie wissen, wo die Hauptrisiken („Katastrophenrisiken") für Ihr Unternehmen liegen. Ein solches Risiko ist beispielsweise die Betriebsunterbrechung, bei der durch den Wegfall von Kunden oder einen Maschinenschaden die Produktion Tage, Wochen oder auch Monate stillsteht.

Was sind die wichtigsten betrieblichen Versicherungen für Selbstständige?

● Betriebs-Haftpflichtversicherung
Schäden gegenüber Dritten werden durch diese Versicherung abgedeckt. Spezielle Berufs- und Vermögensschadens-Haftpflichtversicherungen gibt es für Ingenieure, Architekten und Makler.

● Betriebs-Unterbrechungsversicherung
Der gesamte Betrieb kann durch Feuer, Maschinen-, EDV- und Telefonausfall, Montage- und Transportschäden sowie Personalausfall lahm gelegt werden. Die BU-Versicherung kommt bis zum Wiederaufbau des Betriebes für die laufenden Kosten wie Löhne, Gehälter, Miete und Zinsen auf.

● Einbruchdiebstahl-Versicherung
Hier werden Schäden erstattet, die durch Diebstahl, Zerstörung, Beschädigung von versicherten Sachen nach dem Einbruch entstanden sind.

- Elektronik-Versicherung
Durch unsachgemäßen Gebrauch, Kurzschluss, Feuchtigkeit oder Sabotage können Schäden an EDV-Anlagen, Telefonanlagen oder bürotechnischen Anlagen entstehen.

- Feuerversicherung
Schäden, die durch Brand, Blitzschlag, Explosion oder Flugzeugabsturz entstanden sind, werden durch die Feuerversicherung reguliert.

- Kfz-Haftpflichtversicherung
Sie kommt für alle Schäden an Personen, Sachen und Vermögen auf, die der Fahrer gegenüber Dritten verursacht hat.

- Leitungswasserversicherung
Die Kosten für Sachschäden, die durch austretendes Wasser aus Wasserleitungen oder Wasser- bzw. Heizungsanlagen entstehen, werden erstattet.

- Produkt-Haftpflichtversicherung
Mit der Betriebs-Haftpflicht sollte eine Produkt-Haftpflichtversicherung kombiniert werden. Sie tritt in Kraft, wenn Dritte durch fehlerhafte Produkte Schaden erleiden. Sinnvoll ist dies für Hersteller, Lieferanten, Lizenznehmer und Importeure.

- Sturmversicherung
Sie kommt für Sachschäden an Gebäuden und beweglichen Sachen auf, die sich auf dem versicherten Grundstück befinden.

- Umwelthaftpflicht-Versicherung
Mit der Betriebs-Haftpflicht kombiniert ist in der Regel die Umwelthaftpflicht-Versicherung. Sie schützt vor Schadensersatzansprüchen, wenn durch den Betrieb Boden, Wasser oder Luft verunreinigt wurden.

Die folgenden fünf Schritte führen zu einem erfolgreichen Risikomanagement:

1. Es müssen bestehende und zukünftige Risiken erkannt werden.

2. Die Risiken müssen bewertet und eine Rangfolge geschaffen werden.

3. Für jedes Risiko sollte eine oder eine Kombination von Maßnahmen festgelegt werden:

- vermeiden

- verkleinern

- auf Andere übertragen

- versichern

- selbst tragen

4. Es müssen Maßnahmen veranlasst und kontrolliert werden.

5. Mögliche neuartige Risiken sollten aufgespürt werden.

> Kontaktadressen:
> • Deutscher Versicherungs-Schutzverband (DVS)
> Breite Straße 98
> 53111 Bonn
> www.dvs-schutzverband.de
> • Gesamtverband der deutschen Versicherungs-
> wirtschaft e.V.
> Friedrichstr. 191
> 10117 Berlin
> www.gdv.de

b) Persönliche Absicherung als Unternehmer

Die Firma ist gerade in den ersten Jahren von der Arbeitsfähig-
keit des Inhabers besonders abhängig. Er darf nicht krank
werden oder ausfallen. Eine plötzliche Arbeitsunfähigkeit oder
gar ein Dauerschaden sollten nicht zwangsläufig zur Ge-
schäftsaufgabe führen. Eine persönliche Absicherung gegen
die höchsten Risiken ist von großer Bedeutung:

• Krankenversicherung

• Berufsunfähigkeits-Versicherung

• Unfallversicherung

• Lebens-Versicherung

• Alterssicherung.

Die **Krankenversicherung** ist ein unverzichtbarer Schutz. Wird ein Selbstständiger krank, so verdient er in der Regel kein Geld mehr, erhält aber nicht wie ein Angestellter eine sechswöchige Lohnfortzahlung. Wie hoch müssen die Versicherungsleistungen sein, um den Verdienstausfall in dieser Zeit auszugleichen? Sie müssen alle wichtigen Lebenshaltungskosten decken. Es sollte dementsprechend unbedingt eine Krankenversicherung mit Krankengeldanspruch ab der 3. Woche oder 6. Woche abgeschlossen werden. Gesetzliche Versicherungen zahlen Krankengeld für die Dauer von etwa eineinhalb Jahren aus, private erfahrungsgemäß bis zu zwei Jahren.

Zudem steht die Entscheidung an, ob man sich bei einer gesetzlichen oder einer privaten Krankenversicherung freiwillig versichert. Bei einer privaten Krankenversicherung sind die Beiträge für jüngere Versicherte oft günstiger als in gesetzlichen Kassen. Sie steigen aber mit zunehmendem Alter. Bei Familien ist zu berücksichtigen: Ist der Ehemann selbstständig, privat versichert und liegt sein Einkommen über einer Bemessungsgrenze, so sind Kinder nicht mehr automatisch bei seiner gesetzlich versicherten Ehefrau mitversichert. Sie müssen dann freiwillig gesetzlich oder aber privat abgesichert werden.

Bei **Berufsunfähigkeit** wird zwischen der privaten Berufsunfähigkeitsrente und der gesetzlichen Erwerbsminderungsrente unterschieden. Letztere wird nur für den Fall gezahlt, dass der Versicherungsnehmer überhaupt keiner Tätigkeit mehr nachgehen kann – unabhängig von seiner Qualifikation und seinem zuletzt ausgeübten Beruf. Voraussetzung ist auch, dass Sie mindestens fünf Jahre lang Beiträge in die gesetzliche Rentenkasse eingezahlt haben. Zudem müssen mindestens drei Jahre an Pflichtbeiträgen für eine versicherte Beschäftigung oder selbstständige Tätigkeit geleistet worden sein. Ob die gesetzliche Erwerbsminderungsrente für Sie sinnvoll ist sollten Sie mit Beratern der Deutschen Rentenversicherung klären.

In jedem Fall sollten Sie auch eine private Berufsunfähigkeitsversicherung abschließen. Sie ist wichtiger als eine Unfallversicherung, denn die häufigsten Ursachen für Invalidität entstehen auf Grund von Krankheiten und nicht durch Unfälle. Sie erhalten eine monatliche Rente, wenn Sie Ihrem bisher ausgeübten Beruf nicht mehr nachgehen können. Eine private BU-

Versicherung kann als Zusatzversicherung zur Kapital- oder Risikolebensversicherung abgeschlossen werden.

Übersicht: Gründe[15] für Renten wegen verminderter Erwerbsfähigkeit 2002

Grund	Häufigkeit
Psychische Erkrankungen	27 %
Skelett, Muskeln, Bindegewebe	22 %
Herz-, Kreislauferkrankungen	13 %
Sonstige Erkrankungen	9 %

Eine wichtige Ergänzung zu allen anderen Versicherungen ist die gesetzliche und/oder private **Unfall-Versicherung**. Beide zahlen, wenn die Erwerbsfähigkeit durch einen Unfall vermindert ist (Invalidität). Die gesetzliche Unfall-Versicherung gibt es bei der Berufsgenossenschaft als freiwillige Unternehmerversicherung für den Selbstständigen. Sie kommt neben der medizinischen Rehabilitation für die berufliche Wiedereingliederung auf, wenn der Betreffende seine Tätigkeit nicht mehr ausüben kann.

Bei der privaten Unfall-Versicherung beginnt die Leistung schon mit dem geringsten feststellbaren Invaliditätsgrad, also schon bei einem Prozent. Damit ist sie in der Regel vorteilhafter als alle anderen Versicherungsformen.

Vergessen Sie keinesfalls die Absicherung von Hinterbliebenen durch **Lebens-Versicherungen**. Zur finanziellen Absicherung der Familie für den Fall eines vorzeitigen Todes des Familienernährers eignet sich am besten eine Risiko-Lebensversicherung. Höhe und Dauer des Versicherungsschutzes sind individuell vereinbar.

Der Aufbau einer **Altersversorgung** sollte von einem Selbstständigen auch rechtzeitig geplant werden. Von Bedeutung ist, dass die Ansprüche an die gesetzliche Rentenversicherung,

---

[15] vgl. Verband der Rentenversicherungsträger 2002

die man sich in der Zeit als Arbeitnehmer erworben hat, erhalten bleiben.

Die Altersrente aus der gesetzlichen Rentenversicherung deckt für Selbstständige normalerweise nur eine Grundversorgung ab. Um im Alter ausreichend abgesichert zu sein, sollte für weitere Rücklagen z.B. in Form von Sparverträgen, Investmentfonds, Immobilienbesitz, kapitalbildenden Lebensversicherungen oder einer privaten Rentenversicherung gesorgt werden.

Kontaktadressen:
• Stiftung Warentest
Lützowplatz 11-13
10785 Berlin
www.warentest.de
• Deutsche Rentenversicherung
10704 Berlin
Tel. 0800-100048070
www.deutsche-rentenversicherung-bund.de

Zusammenfassend ist für Kleingründer als betriebliche Versicherung vor allem die Betriebsunterbrechungsversicherung interessant, so dass Miete und ggf. Löhne der Mitarbeiter weitergezahlt werden. Zudem sollten Sie als Kleinunternehmer auf eine ausreichende Altersversorgung achten.

Praktische Tipps:

• *Um als Existenzgründer flexibel zu bleiben, ist der Abschluss kurzfristiger Versicherungsverträge sinnvoll. Dies sind vor allem Jahresverträge mit der Option auf Verlängerung, wenn nicht vor Vertragsende gekündigt wird.*
• *Die Erstellung der Policen dauert oft lange. Bestehen Sie deshalb auf einer schriftlichen Deckungszusage ab dem Tag der Antragstellung.*
• *Der Versicherungsvertrag kommt nur ab dem vereinbarten Zeitpunkt zustande, wenn unverzüglich, d.h .in der Regel innerhalb von 5 Tagen, gezahlt wird.*
• *Versicherungen sind unterschiedlich bei Leistungen, Preisen und Bedingungen. Holen Sie darum zu jeder Versicherung verschiedene Angebote ein.*

Baustein „Internet für Gründer" – E-Mail, Internetauftritt, Internetrecherchen

Auch mittelständische Unternehmen und Handwerksbetriebe haben in den letzten Jahren den Einstieg in grundlegende Internetinstrumente wie z.B. E-Mail, Internetauftritte, Internetrecherchen und Onlineshops vollzogen. Als Existenzgründer sollte man – unabhängig davon in welcher Branche man gründet – fit fürs Netz sein.

Schon während der Gründungsphase finden Gründer jede Menge hilfreiche Informationen im Internet. Selbstverständlich ersetzen **Internetrecherchen** keine individuellen Beratungen. Sie sind aber eine unverzichtbare Ergänzung.

Ein weiterer Vertriebsweg für Existenzgründer ist das **E-Business – also Onlineshops im Internet**. Dabei werden Warenein- und verkäufe sowie Dienstleistungen online ausgetauscht. Es gibt den Bereich Business to Business (B2B) mit Geschäftsbeziehungen zwischen Unternehmen und den Bereich Business to Consumer (B2C) mit Geschäftsbeziehungen zwischen Verbrauchern und Unternehmen. Vor allem Business to Business-Geschäfte nehmen immer mehr zu. Große Unternehmen wickeln zunehmend ihre Beschaffung über elektronische Plattformen ab.

> Übersicht: Zunahme[16] der Online-Käufer 2004 – 2007

Jahr	Prozentsatz der Bevölkerung
2004	45,1 %
2005	49,6 %
2006	54,1 %
2007	58,8 %

---

[16] vgl. Allensbacher Computer und Technikanalyse 2008

74

Im Rahmen von E-Business besteht die Möglichkeit einen Online-Shop – ein Geschäft im Internet – einzurichten. Der Kauf eines Shopping-Systems erfordert nicht geringe Startinvestitionen (Hard- und Software) sowie entsprechendes Know-how. In den meisten Fällen ist zunächst die Miete eines Systems für den Existenzgründer sinnvoller. Monatliche kalkulierbare Kosten sowie eingeschlossene Serviceleistungen begrenzen das finanzielle Risiko und den personellen Aufwand.

Von Bedeutung ist, dass der Online-Shop rund um die Uhr zur Verfügung steht, sehr übersichtlich aufgebaut ist und auch über die Produkte informiert. Zudem sollte über die Daten- und Zahlungssicherheit Auskunft gegeben werden. Er sollte über kurze Ladezeiten verfügen und Versandkosten und –dauer sollten angegeben werden. Sinnvoll ist es, den Online-Shop mit den bestandsführenden EDV-Systemen zu verbinden, so dass Auftragslage und Produktverfügbarkeit aufeinander abgestimmt sind und die Produkte innerhalb weniger Tage lieferbar sind.

Für Kleingründungen gelten folgende Gründerideen unter Verwendung des Internets als zukunftsorientiert:

- Urlaubsberater
  - Bereitstellung von Informationen
  - Vertrieb von Bild-, Text- und Videomaterialien
- Agentur für Onlinewerbung
  - Anzeigengestaltung und - schaltung
  - Anmeldung in Katalogen und Suchmaschinen
  - Bannerwerbung
- Softwareentwicklung
  - Realisierung von neuen Projekten
  - Pflege und Wartung bestehender Projekte
- Designer für den Onlinebereich
  - Gestaltung des Webauftrittes
  - Umsetzung von Büchern, Texten oder Katalogen auf CD-ROM oder Webseiten

- Informationsbroker
  - Recherche nach speziellen Informationen
  - Einholen von Angeboten
  - Vergleich von Anbietern und Preisen
  - Analyse von Märkten
- Designer für Dokumentationen
  - Verfassen von Handbüchern, Bedienungsanleitungen, Produktbeschreibungen, Schulungsunterlagen und Werbebriefen
- Übersetzungsagenturen
  - Übersetzung von Texten in vorzugsweise mehrere Sprachen
  - Prüfen fremdsprachlicher Texte
  - Übersetzungen fremder Sprachen in die Muttersprache
- Virtueller Sekretär
  - Unterstützung von Ein-Mann-Unternehmen oder Freiberuflern
  - Telefonvertretung
  - Erstellung von Dokumenten
  - Vorbereitung von Geschäftsreisen
  - Betreuung von Projekten
  - Betreuung aller Geschäftsvorgänge.

> Internetadresse:
> Die Kompetenzzentren für den elektronischen Geschäftsverkehr finden Sie unter
> www.ec-net.de

Praktische Tipps:

- *Setzen Sie Ihren PC nicht als Internet-PC ein, wenn darauf sensible Daten gespeichert sind.*
- *Laden Sie Programme aus dem Internet nur aus verlässlichen Quellen.*
- *Nutzen Sie für Ihren Internetzugang nur die neueste und in Sachen Sicherheit verbesserte Software.*
- *Setzen Sie zusätzliche Sicherheitssoftware z.B. Antivirenprogramme ein.*
- *Übermitteln Sie sensible Daten über das Internet niemals unverschlüsselt.*
- *Erstellen Sie regelmäßig Sicherheitskopien (Backups) von Ihren Daten.*

2.2 Unternehmenskonzept

Für die Entwicklung eines Unternehmenskonzeptes benötigt man in der Regel fundierte Informationsquellen und kompetente Beratung. Zudem müssen die Geschäftsidee, Produkt-/Dienstleistungsangebot, eine Marktanalyse und der Kapitalbedarf ausformuliert werden.

Die nachfolgende Anleitung für ein Unternehmenskonzept verwendet zum besseren Verständnis und zur Illustration ein bestimmtes Unternehmens- und Rechenbeispiel:

„Beauty Styling Mobil" – eine Kleingründung als hairdress und Kosmetik-Beratung beim Kunden vor Ort.

Baustein „Beratung und Informationsquellen"

Lassen Sie sich bei allem, was Sie auf Ihrem Weg in die Selbstständigkeit planen und tun, beraten. Von der Vorbereitung Ihres Unternehmens bis ins fünfte Jahr nach der Gründung benötigen Sie in der Regel externe Hilfe. Es existiert eine Reihe von kostenlosen Beratungsangeboten für Existenzgründer (z.B. die IHK oder HWK).

Informationsdefizite sind immerhin die zweithäufigste Ursache für Pleiten. Im Folgenden werden Beratungsinstitutionen und Brancheninformationsquellen angesprochen.

a) Beratungsinstitutionen

Eine erste Beratung als Existenzgründer sollte Fragen wie „Reichen meine persönlichen und fachlichen Kenntnisse aus?" klären. Stimmen meine Markteinschätzungen? Sind meine finanziellen Überlegungen realistisch? Ist meine Geschäftsidee Erfolg versprechend? Lohnt es sich für mich, das Risiko der Selbstständigkeit einzugehen?

Als Ratgeber für eine **allgemeine Existenzgründungsberatung** und Informationsmaterial, das man in der Regel kostenlos erhält, bieten sich folgende Stellen an:

- Industrie- und Handelskammern (IHK)
- Handwerkskammern (HWK)
- Banken, Sparkassen, Volks- und Raiffeisenbanken
- Bundesministerium für Wirtschaft und Technologie (BMWi)
- Gründungsinitiativen von Kommunen und Bundesländern
- Beratungszentren der KfW Mittelstandsbank
- Fach- und Branchenverbände
- Gewerkschaften
- Wirtschaftsförderungsgesellschaften
- Agenturen für Arbeit.

Für **technologieorientierte Gründungen** sind diese Institutionen geeignet:

- Technologie-Zentren, Technologie-Transferstellen
- Technologie-Agenturen, Technologie-Initiativen
- Rationalisierungs- und Innovationszentrum der Deutschen Wirtschaft e.V. (RKW).

In Bezug auf eine **Unternehmensnachfolge** können Sie sich informieren bei:

- Initiative Unternehmensnachfolge „nexxt" (www.nexxt.org)
- Industrie- und Handelkammern (IHK)
- Handwerkskammern (HWK)
- Wirtschaftsförderungsgesellschaften.

Als **professionelle allgemeine und spezielle Berater** stehen zur Verfügung:

- Rechtsanwälte (Rechtsfragen)
- Wirtschaftsprüfer (betriebswirtschaftliche Prüfungen)
- Steuerberater
- Unternehmensberater (alle unternehmerischen Fragen)
- Wirtschaftsauskunfteien (Informationen über Kunden und Lieferanten)
- Seniorberater und Wirtschaftsjunioren bei der IHK.

Wenn Sie ein **Franchise-Unternehmen** zu gründen beabsichtigen, können Sie sich bei diesen Stellen informieren:

- Industrie- und Handelskammern (IHK)
- Handwerkskammern (HWK)
- Deutscher Franchise-Nehmer-Verband e.V.
- Deutscher Franchise-Verband.

Sollten Sie **Brancheninformationen** suchen, bieten sich folgende Institute an:

- Institut für Handelsforschung, Universität zu Köln
- Landesgewerbeförderungsstelle des nordrhein-westfälischen Handwerks, Düsseldorf
- Rationalisierungsgemeinschaft Handwerk Schleswig-Holstein e.V., Kiel
- Statistisches Bundesamt, statistische Landesämter
- Branchen-, Berufsverbände.

Über **Standortfragen**, Flächen, Räume und Genehmigungen können Sie sich bei folgenden Stellen beraten lassen:

- Wirtschaftsförderungsgesellschaften
- Wirtschaftsbeauftragte bei den Bezirksregierungen
- Industrie- und Handelskammer (IHK)
- Handwerkskammer (HWK).

Wenn Sie sich über **allgemeine Finanzierung und Förderung** informieren wollen:

- Internet-Förderdatenbank unter www.foerderdatenbank.de
- Banken, Sparkassen, Volks- und Raiffeisenbanken
- KfW Mittelstandsbank
- Industrie- und Handelskammer (IHK)
- Handwerkskammer (HWK).

Eine Umfrage der KfW Mittelstandsbank zeigt, welche Informationsquellen und Beratungsstellen von Existenzgründern am häufigsten genutzt werden:

> Übersicht: Genutzte Informationsquellen und Beratungsstellen von Existenzgründern

(Mehrfachnennungen)

Informationsquelle/Beratungsstelle	Prozentsatz
Freunde/ Verwandte/Kollegen	79 %
Zeitungen/Zeitschriften	55 %
Internet	48 %
Steuer-/Unternehmensberater	42 %
IHK/HWK	35 %
Agentur für Arbeit	35 %
Andere Selbstständige/Gründer-Netzwerke	34 %
Hausbank	28 %
Messen	20 %
Andere Beratungsstellen (z.B. Universitäten)	20 %
Keine	3 %

Als häufigste **Beratungsthemen** für Existenzgründer sind die Eignung der Geschäftsidee, Gründungsarten und Businessplan zu nennen. Zudem wird in den Bereichen Marktchancen von Produkt/Dienstleistung, kaufmännisches Know-how und Marketing beraten. Weitere Themen können Verhandlungstechniken, Einkaufsquellen, Finanzierung, Förderprogramme, Steuern und Versicherungen sein.

Wenn Sie einen kostenpflichtigen **Beratervertrag** abschließen, sollten Sie darauf achten, dass die Aufgabenstellungen sowie die Zielsetzungen der Beratung eindeutig, exakt und ausführlich formuliert werden. Die Dauer der Beratung sollte feststehen. Besprechen Sie auch die Honorare für einzelne Leistungen. Vereinbaren Sie dazu ein erstes Meeting, um den konkreten Beratungsbedarf zu eruieren und machen Sie immer einen schriftlichen Vertrag, der Leistungsumfang, Termine, alle Kosten und das Honorar regelt.

Unser eingangs erwähntes Unternehmensbeispiel „Beauty Styling Mobil", eine mobile hairdress und Kosmetik-Beratung, kann eine allgemeine, kostenlose Beratung bei IHK/HWK zur Tragfähigkeit des Geschäftsplanes in Anspruch nehmen. Zudem empfiehlt sich die Konsultation eines Steuerberaters zu steuerrechtlichen Fragen (z.B. Einkommen-, Gewerbe- und Umsatzsteuer) und zu vertraglichen Angelegenheiten (z.B. Vertragsgestaltung mit Lieferanten). Auch eine kostenpflichtige Unternehmensberatung kann zur Markt- und Konkurrenzanalyse sowie zur Kundenakquisition und evt. als Krisenmanagement sinnvoll sein.

Kontaktadressen:
- Deutscher Industrie- und Handelskammertag (DIHK)
  Breite Straße 29
  10178 Berlin

- Zentralverband des Deutschen Handwerks (ZDH)
  Mohrenstr. 20/21
  10117 Berlin

b) Brancheninformationen

Für Existenzgründer ist ein festes Informationsfundament notwendig wie z.B. Informationen zu potentiellen Kunden, zur Konkurrenz, zur Entwicklung der Branche, den üblichen Kosten, Preisen und Umsätzen.

Wo erhält man Branchenzahlen und Marktinformationen?

Die **Industrie- und Handelskammern** führen eigene Marktuntersuchungen im Kammerbezirk durch. Die **Handwerkskammern** halten umfangreiche Kennzahlen aus Betriebsvergleichen für eine Vielzahl von Handwerksberufen bereit. Sie untersuchen ebenfalls die konjunkturelle Entwicklung und die Marktsituation in ihrem Kammerbezirk.

Die Schriftenreihen der Forschungsinstitute im **Deutschen Handwerksinstitut e.V**. (DHI) enthalten umfangreiche und detaillierte Untersuchungen zur Situation im Handwerk. Eine Vielzahl von Bundes- und Landesverbänden stellt allgemeine Marktinformationen und spezielle Brancheninformationen für die einzelnen Berufe des Handwerks zusammen.

Die meisten **Kreditinstitute** erarbeiten eigene Marktinformationen. Der Deutsche Sparkassen- und Giroverband veröffentlicht so genannte „Branchenberichte" zur Entwicklung von über 50 Branchen in Deutschland. Der Bundesverband der Deutschen Volksbanken und Raiffeisenbanken (BVR) gibt das Brancheninformationssystem „VR info: Branchen spezial" heraus.

Die **Bundesagentur für Außenwirtschaft** (bfai) recherchiert und verkauft im Rahmen ihrer Publikationsreihe „Markt in Kürze" Informationen über Marktchancen und Branchenentwicklungen zu etwa 40 Produktbereichen in etwa 50 bis 60 bedeutenden Handelspartnerländern weltweit.

Mit Hilfe der **Datenbank Genios** (www.genios.de) lassen sich zahlreiche Informationen zur Konkurrenz- und Marktbeobachtung recherchieren. Sie enthält über 750.000 deutsche Firmenprofile und bietet aktuelle Berichterstattung und Hintergründe aus 120 Pressequellen.

Wenn man keine genauen Vorstellungen von der Leistungsfähigkeit des eigenen Betriebs hat, kann ein Betriebsvergleich helfen. Er klärt, wie gut die anderen in der Branche sind. Ob der eigene Betrieb Mittelmaß oder besser ist? Was man verbessern kann?

Betriebsvergleiche bieten beispielweise an:

- Institut für Handelsforschung (IfH), Köln
- FfH – Institut für Markt- und Wirtschaftsforschung GmbH, Berlin
- Landes-Gewerbeförderstelle des nordrhein-westfälischen Handwerks e.V. (LGH), Düsseldorf
- Rationalisierungsgemeinschaft Handwerk Schleswig-Holstein e.V. (RGH), Kiel .

Unser Unternehmensbeispiel „Beauty Styling Mobil" kann sich über Brancheninformationen z.B. bei örtlichen IHK bzw. Handwerkskammer sowie in den Branchenberichten des Deutschen Sparkassen- und Giroverbandes und in „VR info: Branchen spezial" informieren. Auch eine Datenbankrecherche bei Genios kann für die Markt- und Konkurrenzbeobachtung hilfreich sein. Einen Betriebsvergleich kann das Unternehmen beispielsweise bei dem Institut für Handelsforschung (Köln) für Einzelhandel mit Kosmetikprodukten und hairdress-Dienstleistung erhalten.

Gründet man aus der Arbeitslosigkeit, dann besteht die Möglichkeit, dass die jeweilige Agentur für Arbeit dem Gründer in der Regel einen 1-2 tägigen Existenzgründer Workshop sowie Coaching durch einen Steuerberater oder Unternehmensberater im ersten Jahr der Existenzgründung finanziert.

Praktische Tipps:

- *Gerade bei tiefergehenden Beratungen sollte die „Chemie" zwischen Ihnen als Existenzgründer und Ihrem Gegenüber stimmen.*
- *Fragen Sie Freunde und Bekannte nach Empfehlungen für Berater.*
- *Wählen Sie einen Berater, der Ihnen auch komplizierte rechtliche oder wirtschaftliche Zusammenhänge verständlich erläutern kann.*
- *Bestimmen Sie exakt Ihren Bedarf, Art und Umfang der gewünschten Beratungsleistung und die Mittel, die Sie für eine kostenpflichtige Beratung zur Verfügung haben.*

Baustein „Geschäftsidee"

Das Geheimnis einer guten Geschäftsidee liegt in der Formel „das richtige Produkt, zum richtigen Zeitpunkt, am richtigen Ort". Die aussichtsreichsten Ideen sind die, die einen USP (unique selling proposition = einzigartiger Verkaufsvorteil) garantieren. In solchen Fällen gibt es auf dem Markt keine vergleichbaren Produkte und Dienstleistungen. Ein gutes Beispiel hierfür ist die Entwicklung des Betriebssystems „DOS" von Bill Gates.

Jedoch sind in Deutschland nur 5 Prozent aller Existenzgründerideen wirklich neu. Davon stammen 50 Prozent aus den USA.

Einen Tipp für mögliche Geschäftsideen gibt häufig die Analyse der eigenen persönlichen, fachlichen und sozialen Kompetenzen hin. Stellen Sie sich folgende Fragen:

Was können Sie besonders gut? Was können Sie überhaupt nicht?

Was fällt Ihnen leicht? Und was fällt Ihnen besonders schwer?

Wovon sagen andere, dass Sie es gut beherrschen? Und was beherrschen Sie nicht?

Was würden Sie gern tun? Und was nicht?

Unter Umständen finden sich Hinweise in den Branchen, in denen Sie bereits tätig waren. Stellen Sie Ihre Stärken und Schwächen in einer Plus-Minus-Liste gegenüber.

Die Geschäftsidee muss nicht von Beginn an ausgefeilt sein. Häufig erfolgen Korrekturen im Verlauf der Konkretisierung des Unternehmenskonzeptes.

Beispiele:

● „Vor dem Hintergrund meiner Erfahrung in der Firmenkundenbetreuung einer Geschäftsbank könnte ich Unternehmen in Finanzierungsfragen beraten."

● „Als Friseurin bereitet es mir Freude, meine Kunden nicht nur in Fragen Frisur helfen zu können. Typ- und Stilberatung bekommen meine Kunden frei Haus geliefert – warum nicht eine Dienstleistung daraus machen?"

● „Mit meiner Erfahrung in verschiedenen Handwerksbetrieben bin ich ein Allrounder in Sachen „Rund ums Haus" und könnte dies als Unternehmen anbieten."

Die Geschäftsidee verkörpert Ihre unternehmerische Vision. Versuchen Sie die Geschäftsidee in einem Wort oder in einem kurzen Satz zum Ausdruck zu bringen.

Beispielsweise:

„Ich begleite Sie in Finanzierungsfragen und beim Bankgespräch."

„Ich bringe Ihre Persönlichkeit groß heraus."

„Probleme rund ums Haus? – Ich bin sofort vor Ort."

Zur Konkretisierung einer groben Geschäftsidee eignen sich dann beispielsweise Assoziationsketten:

„Monika M., Friseurin mit Zusatzqualifikation in Nail Design und Haarverlängerung, möchte sich selbstständig machen. Einen Firmennamen hat sie schon: „Beauty Styling Mobil". Sie fragt in ihrem Bekanntenkreis, was man damit verbindet: Kosmetik am Arbeitsplatz in der Mittagspause, Schnelligkeit, Hairstyling zu Hause, Tipps und Tricks für wichtige Feiern und Preisgünstigkeit."

Erfolgreiche Geschäftsideen kann man mit Hilfe von Kreativitätstechniken (z.B. Brainstorming, Brainwriting, Merkmalsauflistung) gezielt erarbeiten. Nachfolgend finden Sie die vier Grundregeln für alle Kreativitätstechniken:

1. Jede Form von Kritik oder Wertung ist in der Phase der Ideenfindung verboten. Die Ideenbewertung erfolgt später.

2. Je mehr Ideen, desto größer ist die Wahrscheinlichkeit, dass auch nützliche Beiträge darunter sind.

3. Die Teilnehmer einer Ideenfindungsgruppe sollen ihrer Phantasie freien Lauf lassen, um originelle und neuartige Ideen zu entwickeln.

4. Teilnehmer sollten Ideen der anderen aufgreifen und weiter entwickeln.

Dabei sollten vor allem Trends der Zeit berücksichtigt werden - wie die Geburtenrate sinkt, immer mehr ältere Menschen leben in unserer Gesellschaft, die Lebenserwartung steigt, Freizeit und gesundheitliche Probleme nehmen zu. Immer mehr Menschen leben auch in Einpersonenhaushalten, in denen sie oft nicht alle Arbeiten bewältigen können oder wollen. Zudem vergeben im Wirtschaftsleben immer mehr Unternehmen Aufträge an externe Dienstleister, um auf diese Weise Kosten zu sparen.

Nachfolgend werden 10 bereits erfolgserprobte Geschäftsideen kurz vorgestellt:

1. Filmfan-Artikel (Startkapital: 1.500 EUR)

Angeboten werden Fan-Artikel des Publikumsmagneten, der Filmtriologie „Herr der Ringe": Figuren, Pfeifen, Ringe und Elbenschmuck. Am Tag verkauft der Existenzgründer und seine 18 Mitarbeiter bis zu 800 Produkte. Sein Jahresumsatz liegt bei 2,5 Millionen EUR. Durch die Verfilmung der über 50 Jahre alten Fantasy-Geschichte von J.R.R. Tolkien ist die bereits bestehende Fangemeinde noch größer geworden.Kontaktadresse: Alexander Lapeta, www.elbenwald.de

2. Ebay-Auktionen (Startkapital: 3.000 EUR)

Für alle, die weder einen PC noch eine Digitalkamera besitzen, schließt ein Existenzgründer diese Lücke. Er nimmt Waren ab 20 EUR Wert an – nach Eigentumsnachweis. Er fotografiert sie, stellt sie ins Internet und verkauft sie für den Kunden. Er lebt von einer Grundgebühr und der Provision.Kontaktadresse: Claus Hohls, E-Mail: info@i-v-agentur.de

3. Autoreparaturen (Startkapital: 15.000 EUR)

Zwei Existenzgründer haben sich auf Entfernen von Dellen nach Hagelschlag oder Parkremplern spezialisiert – ohne teuere Lackierarbeiten. Zusätzlich bieten die Unternehmer auch Frontscheiben- sowie Innenraumreparaturen an. Kontaktadresse: Katja und Ronald Kliehm, www.carisma-center.de

4. IT in Altenpflegeheimen (Startkapital: 20.000 EUR)

Für viele Altenpflegestätten ist eine leistungsfähige IT noch immer ein Buch mit sieben Siegeln. Eine Existenzgründerin berät und unterstützt Heime bei der Einführung von IT-Systemen. Ohne solche Systeme geht allein bei der Pflegedokumentation gar nichts. Kontaktadresse: Manuela Raiss, www.raiss.iwig.info

5. Fahrdienst (Startkapital : 25.000 EUR)

Mit einem ausklappbaren Mofa kommt der Chauffeur – er hat 40 Fahrer – zum Abholort und bringt den Kunden in dessen Auto nach Hause. Das Mofa wird im Kofferraum verstaut. Kontaktadresse: David Rolef, www.taxiboy.de

6. Straußenei-Lampen (Startkapital: 25.000 EUR)

Die Körper der Leuchten bestehen aus Straußeneiern, die Lampenfüße aus Holz oder Stein. Die Bauteile bezieht der Existenzgründer von Zulieferern und montiert sie zu kompletten Lampen zusammen. Kontaktadresse: Steffen Sendowski, www.eolux.de

7. Espresso-Service (Startkapital: 30.000 EUR)

Zwei Piaggio-Minilaster mit Kastenaufbau inklusive Espressoautomaten sind das Equipment der Existenzgründer. Mit der mobilen Kaffeestation fahren sie zu Messen, Firmen-Events und Familienfeiern oder vermieten die Fahrzeuge. Kontaktadresse: Rene Kaute und Markus Schmerbeck, www.coffee-angels.de

8. Reise-Friseur (Startkapital: 30.000 EUR)

Die Existenzgründer kombinieren Reisebüro mit Friseursalon. Wer bei Cut'n Cruise in Hamburg eine Kreuzfahrt bucht, bekommt den Haarschnitt gratis dazu. Bucht ein Paar seine Hochzeitsreise, so ist Styling und Make-up im Reisepreis mit drin. Kontaktadresse: Mario Heinrich und Michael Klinge, www.cutncruise.de

9. Maßkravatten (Startkapital: 30.000 EUR)

Die Normkravatte von der Stange hat nicht für jeden die richtige Länge. Eine Existenzgründerin fertigt und verkauft deshalb individuelle Seidenkravatten mit einem Preis ab 45 EUR. Kontaktadresse: Edeltraud Rosenfeld, www.diekrawatterie.de

10. Wirtschaftsinfos (Startkapital: 30.000 EUR)

Infos zu Wirtschaftsthemen wie Dosenpfand, Konjunkturzyklen oder Mitbestimmung liefert eine Existenzgründerin in leicht verständlicher Form. Die Kunden sind Lehrer oder Weiterbildungsveranstalter, die die Materialien im Unterricht einsetzen. Der Vertrieb erfolgt übers Internet. Kontaktadresse: Monika Markmann, www.bizzinet.de

> Literaturtipp:
> Fachzeitschrift „Die Geschäftsidee"
> Verlag für die Deutsche Wirtschaft AG
> Theodor-Heuss-Str. 2-4
> 53177 Bonn

Als Geschäftsideen für Kleingründungen kommen vor allem Ideen aus Branchen in Frage, in denen Sie bereits tätig waren. Zudem kann man sich mit Hilfe von Kreativitätstechniken eine Geschäftsidee erarbeiten.

Praktische Tipps:

- *Gründer sprühen zwar häufig vor Ideen, haben aber weder den Markt noch die Konkurrenz dabei im Auge. Es empfiehlt sich zu fragen, ob die Kunden das, was der Gründer anbieten will, auch wollen.*
- *Viele Gründer sind sich nicht darüber im Klaren, wie viel Geld sie wirklich brauchen, vor allem auch um die erste Durststrecke zu überstehen. Planen Sie daher sorgfältig möglichst in Form eines Geschäftsplans.*
- *So manche Geschäftsidee mag gut sein, ist aber nicht schlüssig dargestellt. Jede Idee sollte klar gegliedert sein und einfach und verständlich ausgedrückt sein.*

Baustein „Produkte/Dienstleistungen"

Ein Unternehmenskonzept als Plan, wie eine Geschäftsidee erfolgreich in die Tat umgesetzt wird, beinhaltet auch eine Beschreibung der Produkte/Dienstleistungen. Es muss Ihnen gelingen, einem Nicht-Fachmann Ihr Produkt oder Ihre Dienstleistung schmackhaft zu machen.

Sie können ein Produkt oder eine Dienstleistung nur dann verkaufen, wenn dafür auf dem Markt, also bei Ihren Kunden, ein
Bedarf besteht (oder Sie einen Bedarf dafür wecken). In der
Marketingsprache heißt dieser Bedarf „Kundennutzen". Als Unternehmer müssen Sie regelmäßig überprüfen, wie es um diesen Kundennutzen steht und Ihr Angebot ggf. an den aktuellen Bedarf anpassen.

Welchen Nutzen haben Ihre Kunden von Ihrem Produkt oder
Ihrer Dienstleistung? Ihr Produkt kann z.B. dabei helfen, ein
Problem zu lösen. Es kann dabei unterstützen, eine Aufgabe
oder Arbeit leichter oder besser zu erledigen. Es kann besonders preisgünstig sein. Der Nutzen kann auch darin liegen,
Spaß und Lebensfreude zu vermitteln. Mindestens einen Nutzen sollte Ihr Produkt oder Ihre Dienstleistung haben. Welchen
Nutzen auch immer Sie anbieten wollen, Sie müssen genau
wissen, welche Bedürfnisse bzw. Wünsche Ihre Kunden haben.
Und: Welches ist das „Alleinstellungsmerkmal", also der Zusatznutzen im Vergleich zu bestehenden Angeboten?

In unserem eingangs erwähnten Unternehmensbeispiel kann
die Dienstleistung wie folgt beschrieben werden:

„Beauty Styling Mobil bietet seinen Kunden mobile Dienstleistungen rund um Kosmetik und Styling. Ob in der Mittagspause
im Büro oder im Freundeskreis zu Hause: Beauty Styling Mobil
bietet Farb- und Stilberatung, Nail Design sowie kosmetische
Leistungen vor Ort."

Zum Thema Produkt/Dienstleistung sollte man die folgenden
Fragen beantworten:

• Welches Produkt/Dienstleistung wollen Sie herstellen bzw.
verkaufen?

• Was ist das Besondere an Ihrem Angebot?

• Wann ist der Start der Produktion/Dienstleistung geplant?

- Wie ist der Entwicklungsstand Ihres Produktes/Ihrer Leistung?
- Welche Voraussetzungen müssen bis zum Start noch erfüllt werden?
- Wann kann das Produkt vermarktet werden?
- Welche gesetzlichen Formalitäten (z.B. Zulassungen, Genehmigungen) sind zu erledigen?
- Welche Entwicklungsschritte sind für das Produkt noch notwendig?
- Wann kann eine Nullserie aufgelegt werden?
- Wer führt das Testverfahren durch?
- Wann ist das eventuelle Patentierungsverfahren abgeschlossen?
- Welche technischen Zulassungen sind notwendig?
- Welche Patent- und Gebrauchsmusterschutzrechte besitzen Sie bzw. haben Sie beantragt?
- Wie könnten sich die technologischen Möglichkeiten im Idealfall entwickeln?

Praktische Tipps:

● Formulieren Sie in jedem Fall einen Zusatznutzen Ihres Produktes/Ihrer Dienstleistung explizit aus, um sich von der Konkurrenz abzugrenzen.
● Vor allem bei aufwändigen Produkten ist es notwendig, die einzelnen Produktionsschritte in einer Produktplanung deutlich zu machen. Was wird z.B. im Unternehmen selbst, was außerhalb bearbeitet?
● Das Produkt/die Dienstleistung sollte unbedingt in einer klaren, einfachen und verständlichen Ausdrucksweise beschrieben werden.

Baustein „Der Markt"

Ganz entscheidend für den Erfolg ist es zu wissen, auf welchen Zukunftsmärkten sich künftig lukrative Geschäftschancen entwickeln. Da sich gerade in unserer heutigen, schnelllebigen Zeit Trends und Märkte rasant entwickeln, ist es wichtig, regelmäßig Märkte zu beobachten, um zu den Ersten zu gehören, die eine viel versprechende Geschäftsidee anbieten können. Nachfolgend werden kurz 5 **Megamärkte der Zukunft** skizziert:

- „Dienstleistung"

Moderne Dienstleistungen bringen Betreibern gute Gewinne ein. Voraussetzung hierbei ist, dass der Service stimmt.

- „Gesundheit"

Profitieren Sie von der „Fit for Fun" Generation, denn Gesundheitsbewusste lassen sich ihren Körper etwas kosten.

- „Senioren"

Dienstleistungen und Produkte für Senioren stellen einen der wichtigsten Wachstumsmärkte der Zukunft dar.

- „Freizeit"

Die Deutschen sind Freizeit-Weltmeister und was wäre da einträglicher, als ihnen den „Spaß an der Freud" zu verkaufen.

- „Sicherheit"

Das persönliche Schutzbedürfnis der Menschen steigt. Dies stellt eine Chance für Spezialisten auf diesem Gebiet dar.

Als Existenzgründer sollte man sich bei dem Thema Markt vor allem folgende Fragen zu den möglichen **Kunden** stellen:

Wer sind Ihre Kunden?

Wo sind Ihre Kunden?

Wie setzen sich die einzelnen Kundensegmente zusammen (z.B. Alter, Geschlecht, Einkommen, Beruf, Einkaufsverhalten, Privat- oder Geschäftskunden)?

Haben Sie bereits Referenzkunden? Wenn ja, welche? Welches kurz- und langfristige Umsatzpotential ist damit verbunden?

Sind Sie von wenigen Großkunden abhängig?

Welche Bedürfnisse/Probleme haben Ihre Kunden?

Zudem sollte man auf Fragestellungen zur **Konkurrenz** antworten können:

Wer sind Ihre Konkurrenten?

Was kosten Ihre Produkte bei der Konkurrenz?

Welches sind die größten Stärken und Schwächen Ihrer Konkurrenz?

Welche Schwächen hat Ihr Unternehmen gegenüber Ihrem wichtigsten Konkurrenten?

Wie können Sie diesen Schwächen begegnen?

Eine **Marktanalyse** beschreibt die Marktgröße, die räumliche Größe des Teilmarktes, den Sie bearbeiten, und skizziert Ihre Angebots- und Nachfragesituation. Bei unserem Unternehmensbeispiel „Beauty Styling Mobil" könnte man dies so formulieren:

„Der relevante Markt für „Beauty Styling Mobil" im Umkreis von 50 Km um den Unternehmensstandort umfasst 7.000 potentielle Kunden, welche durchschnittlich viermal jährlich die Leistungen in Anspruch nehmen. Beauty Styling Mobil strebt einen Marktanteil von etwa 5 Prozent an. Dies entspricht einem Absatzpotential von rund 70.000 EUR bzw. einem Kundenstamm von 350 Kunden. Die Konkurrenzsituation ist mit 10 mobilen Diensten als wirtschaftsfriedlich zu bezeichnen. Das Leistungsprogramm von Beauty Styling Mobil wird trotz Interesse seitens potentieller Kunden in der geplanten Kombination von keinem Konkurrenten angeboten."

Zu einer fundierten Marktanalyse zählen die Schätzung des Marktpotentials, die Schätzung des Absatzpotentials und die Feststellung der eigenen Leistungskapazität. Ein erster Schritt ist die Schätzung des **Marktpotentials**, also der möglichen Umsätze im Markt.

„Monika M., Inhaberin von Beauty Styling Mobil, schätzt das Marktpotential für Nail Design und Haarverlängerung: 480.000 Einwohner im Einzugsgebiet bis 50 Km, davon sind 250.000 Frauen. Hiervon gehören 170.000 der Altersgruppe 25-50 Jahre an, wovon rund 140.000 berufstätig sind. Von dieser Gruppe nutzen rund 5 Prozent (= 7.000) Leistungen mit Bezug auf Nail Design oder Haarverlängerung. Bei vier Terminen jährlich und 50 EUR Durchschnittsumsatz ergibt sich ein Marktpotential von 1,4 Mio. EUR jährlich."

Beispiel „Beauty Styling Mobil":

Berechnung des Marktpotentials		
Zahl der Bedarfsträger	Berufstätige Frauen im Zielmarkt mit Interesse an den Leistungen (z.B. 5% aller Frauen)	7.000
x Bedarfshäufigkeit	Beauty Termine jährlich	4
x Bedarfsmengen (Einheiten je Bedarfsträger)	Anwendungen je Termin	1
x Realisierbarer Preis	Umsatz je Termin	50 EUR
= Aufnahmefähigkeit des Marktes (Marktpotential)	Umsatz jährlich (bzw. 28.000 Anwendungen)	1,4 Mio. EUR

Das Marktpotential kann durch Plausibilitätsüberlegungen geschätzt werden. Ein besonderes Augenmerk gilt der Zahl der Bedarfsträger, also der Anzahl der möglichen Kunden. Hier werden allzu oft sehr optimistische Schätzungen vorgenommen.

Das **Absatzpotential** wird ermittelt, indem ausgehend vom Marktpotential ein realistischer Anteil geschätzt wird, den das Unternehmen erreichen kann. Diese Daten sollten nachvollziehbar und erklärbar sein, denn eine Fehleinschätzung kann den direkten Weg in den Konkurs bedeuten.

Beispiel „Beauty Styling Mobil":

Berechnung des Absatzpotentials		
Marktpotential	Umsatz jährlich (bzw. 28.000 Anwendungen)	1,4 Mio. EUR
- Absatzmengen x Absatzpreise der Konkurrenz	95 % des Marktpotentials (26.600 x 50 EUR)	1,33 Mio. EUR
= Anteil am Marktpotential, den eine Unternehmung zu erreichen glaubt (Absatzpotential)	5 % des Gesamtmarktes bzw. 1.400 Anwendungen oder 350 Kunden	70.000 EUR

Den dritten Schritt in der Marktanalyse stellt die Festlegung der eigenen **Leistungskapazität** dar. Ausgehend von den verfügbaren Arbeitsstunden und dem Aufwand je Absatzeinheit wird berechnet, wie viel abgesetzt werden könnte – eine entsprechende Nachfrage vorausgesetzt.

Beispiel „Beauty Styling Mobil":

Anzahl der Tage im Jahr	365
Sonntage	52
Samstage	52
Feiertage	13
Urlaubstage	25
Krankheitstage	10
Sonstige Ausfalltage	2
= Arbeitstage	217
Anwesenheitsstunden je Tag	8
Anwesenheitsstunden jährlich	1.736
Nicht direkt verrechenbare Stunden (z.B. Anfahrt, Akquisition)	260
Verrechenbare Stunden jährlich	1.476
Umsatzeinheiten je Stunde	1
Umsatzeinheiten jährlich	1.476
Umsatz je Einheit	50 EUR
Umsatz jährlich (Leistungskapazitätsgrenze)	73.800 EUR

Bei einer Kleingründung sollte in jedem Fall eine detaillierte Marktanalyse durchgeführt werden, um die eigenen Marktchancen realistisch abschätzen zu können. Marktpotential, Absatzpotential und eigene Leistungskapazität sind also ein Muss.

Praktische Tipps:
• Wenn Sie Ihre eigene Leistungskapazitätsgrenze erreicht haben sollten, haben Sie immer noch die Möglichkeit über den Preis zu steuern, d.h. den Preis für Ihre Produkte/Ihre Dienstleistungen zu erhöhen.
• Datenmaterial zum jeweiligen Marktvolumen (Branchenumsatz) erhalten Sie beispielsweise über das Statistische Bundesamt, kommunale Internetportale (z.B. www.meinestadt.de) , Branchenberichte der Banken und Verbände sowie über die Wirtschaftspresse (siehe auch Unterkapitel „Beratung und Informationsquellen").

Baustein „Investitionen und Kapitalbedarf"

Eine gute Schätzung der Investitionen und des Kapitalbedarfes ist die Basis für den erfolgreichen und sicheren Aufbau Ihres Unternehmens. Erst wenn die notwendigen Investitionen sowie der Kapitalbedarf geklärt sind, lässt sich auch eine kostenorientierte Preiskalkulation zur Prüfung der bislang zugrunde gelegten Preise und Umsätze vornehmen.

Investitionen unterscheiden sich nach Gründungsinvestitionen wie Genehmigungen und Gebühren, langfristigen Investitionen in die Leistungsbereitschaft (z.B. Ladeneinrichtung) und kurzfristige Investitionen in die Leistungserstellung (z.B. Waren).

Beispiel „Beauty Styling Mobil"

Gründungskosten	
Anmeldungen	25 EUR
Genehmigungen	0 EUR
Notar	0 EUR
Handelsregistereintragung	0 EUR
Handelsregisterveröffentlichung	0 EUR
Beratungen	0 EUR
Langfristige Investitionen	
Büroausstattung/Möbel	1.500 EUR
Geräte (Haar- und Nagel-Design)	700 EUR
PKW (gebraucht)	5.000 EUR
Kurzfristige Investitionen	
Material/Warenlager	100 EUR
Mietkaution (2 Monatsmieten)	0 EUR
Mietvorauszahlung (z.B. 3 Monatsmieten)	0 EUR
Markteintrittswerbung (= 15 % des Umsatzes der ersten 6 Monate)	5.000 EUR
Sonstige kurzfristige Investitionen	255 EUR
SUMME INVESTITIONEN	**12.580 EUR**

Der gesamte Kapitalbedarf ergibt sich aus der Gegenüberstellung der notwendigen Investitionen zur Herstellung der Leistungsbereitschaft, den Investitionen zur Leistungserstellung und dem Eigenkapital. Die Sicherheiten werden berücksichtigt für die mögliche Aufnahme eines Bankkredites (= Fremdkapital).

Beispiel „Beauty Styling Mobil"

Position	Einzelposition	Summe
Investitionen		12.580 EUR
Eigenkapital		
Barvermögen	600 EUR	
Bankguthaben	1.000 EUR	
Sacheinlagen (PKW, Teil-ausstattung, PC)	6.800 EUR	
Schenkungen	0 EUR	
Finanzmittel von privaten Dritten (Darlehen)	4.200 EUR	
Summe Eigenkapital		12.600 EUR
Sicherheiten		
Haus und Grundbesitz	0 EUR	
Lebensversicherungen (Rückkaufwert)	0 EUR	
Bürgschaften Dritter	0 EUR	
Summe Sicherheiten		0 EUR
Kapitalbedarf		
Über-/Unterdeckung		20 EUR

Für Kleingründer stellt die Investitions- und Kapitalbedarfsplanung einen wichtigen Baustein in der Gründungsvorbereitung dar und sollte sehr sorgfältig und gut recherchiert durchgeführt werden.

Praktische Tipps:

• *Berücksichtigen Sie in Ihrem Investitionsplan unbedingt eine Liquiditäts-reserve während der Anlaufphase der ersten 6 Monate nach Gründung.*
• *Büroeinrichtung, Geräte, Anlagen und Maschinen kosten mitunter nur ein Viertel des Neuwertes, wenn sie gebraucht gekauft werden.*
• *Leasing von Fahrzeugen, Maschinen und Geräten kann den Gründungsetat spürbar entlasten.*
• *Lohn- und Einrichtungskosten können in der Anlaufzeit gespart werden, indem Sie einen Teil der Arbeiten von freien Mitarbeitern erledigen lassen.*
• *Nutzen Sie die Angebote von Dienstleistungsunternehmen z.B. Empfangs- und Sekretariatsservice, Car- oder Gerätesharing.*

2.3 Geschäftsplan/Businessplan

Der Geschäftsplan bzw. Businessplan beinhaltet das zuvor schon beschriebene Unternehmenskonzept und stellt zudem eine Erweiterung des Konzeptes dar. Er soll die Geschäftsidee vollständig dokumentieren. Im Fall einer Gründung aus der Arbeitslosigkeit muss er bei der Beantragung eines Gründungszuschusses der Agentur für Arbeit bzw. einer fachkundigen Stelle (z.B. IHK, HWK, Fachverbände, Kreditinstitute) zur Tragfähigkeitsprüfung vorgelegt werden. Tragfähigkeit heißt, dass dauerhaft ein angemessenes Einkommen erzielt werden kann.

Zudem kann der Geschäftsplan für die Präsentation bei Banken/Kapitalgebern, Lieferanten und Kunden verwendet werden. Das Unternehmens- und Rechenbeispiel „Beauty Styling Mobil" soll zur Veranschaulichung weiterverwendet werden.

Baustein „Zusammenfassung der Geschäftsidee"

Dem Geschäftsplan sollte eine Zusammenfassung, das so genannte „executive summary", vorangestellt werden. Hier soll der Gründer die Meilensteine seines Projektes ansprechen.

Neben dem Namen des Unternehmens und dem Namen des Gründers soll erwähnt werden, was das Unternehmen anbietet, was das Besondere daran ist und welche Kunden für das Angebot in Frage kommen. Zudem wird beschrieben, wie das Angebot die Kunden erreichen soll, welchen Gesamtkapitalbedarf Sie für Ihr Vorhaben benötigen und wann Sie starten wollen.

Beschreiben Sie in diesem Zusammenhang Ihre Geschäftsidee in drei Sätzen. Orientieren Sie sich dabei am Dreischritt. Die Dreischrittbotschaft gliedert Informationen nach Grundinformation, Zusatzinformation und wesentlicher Aussage. Einstieg, Begründung und Zwecksatz ermöglichen eine klare Aussage.

Element	Beauty Styling Mobil	Ihre Idee
Einstieg	Ein gepflegtes Erscheinungsbild ist wichtig im Beruf.	
Begründung	Ein perfektes Styling vermittelt Professionalität.	
Zwecksatz	Beauty Styling Mobil bietet Schönheitsleistungen dort an, wo die Kundin es wünscht: im Büro oder zu Hause.	

Praktische Tipps:

● Formulieren Sie Ihre Zusammenfassung beim Geschäftsplan in einer klaren und für Nicht-Fachleute verständlichen Sprache.

● Der Umfang der Zusammenfassung sollte maximal 2 Seiten betragen, um dem Leser einenersten Gesamteindruck zu vermitteln.

Baustein „Das Unternehmen und Unternehmensziele"

Ein weiteres Thema im Geschäftsplan stellt „Unternehmen/Unternehmensorganisation/ Unternehmensziele" dar. Zunächst wird die Unternehmensorganisation mit den Kategorien „Unternehmensführung", „Rechtsform", „Organisation" und „Mitarbeiter" beschrieben.

Unternehmensführung/Gründerperson

● Welche Qualifikationen/Berufserfahrungen und ggf. Zulassungen haben Sie?

● Welcher der Gründer verfügt über nähere Branchenkenntnisse?

● Über welche kaufmännischen Kenntnisse verfügen Sie?

● Welche besonderen Stärken gibt es?

● Welche Defizite gibt es? Wie werden sie ausgeglichen?

Rechtsform

- Für welche Rechtsform haben Sie sich entschieden und aus welchen Gründen?

Organisation

- Welche betriebliche Organisationsform (Organigramm) haben Sie gewählt?
- Wer ist für was zuständig?
- Wie können Sie ein sorgfältiges Controlling sicherstellen?

Mitarbeiter

- Wann bzw. in welchen zeitlichen Abständen wollen Sie wie viele Mitarbeiter einstellen?
- Welche Qualifikation sollten Ihre Mitarbeiter haben?
- Welche Schulungsmaßnahmen sehen Sie für Ihre Mitarbeiter vor?

Für das Unternehmensbeispiel „Beauty Styling Mobil" könnte diese Beschreibung folgendermaßen aussehen:

„Beauty Styling Mobil, Monika M., wurde mit Gewerbeanmeldung vom 2. Januar 2008 in Musterhausen gegründet. Das Unternehmen ist ein inhabergeführtes Einzelunternehmen, welches außer Monika M. keine Mitarbeiter beschäftigt. Als Friseurin mit ausgewiesenen Weiterbildungen verfügt Monika M. nicht nur über detaillierte Marktkenntnisse, sondern auch über Kunden- und Kooperationskontakte."

Von Bedeutung für ein neues Unternehmen sind auch die Unternehmensziele. Sie geben vor, nach welchen Entscheidungsregeln die Unternehmung handeln soll. Vertikal gegliedert unterscheidet man zwischen Ober-, Zwischen- und Unterzielen.

Bei der horizontalen Gliederung erfolgt eine Einteilung der Ziele in die folgenden Kategorien:

- Leistungswirtschaftlich z.B. Marktanteile
- Sozial z.B. Schaffung von Arbeitsplätzen
- Ökologisch z.B. Umweltschutz
- Güterwirtschaftlich z.B. hohes Qualitätsniveau
- Führungsbezogen z.B. gute Mitarbeiterführung
- Finanzwirtschaftlich z.B. Rentabilität, Liquidität, Sicherheit, Unabhängigkeit von Geldgebern.

Wenn Sie z.B. nach starkem Wachstum streben, muss eine Strategie gewählt werden, die entweder nach dem bestehendem Leistungsspektrum Umsatzsteigerungen in den vorhandenen Marktsegmenten erzielt, mit dem bestehendem Leistungsspektrum neue Märkte erschließt, mit neuen Produkten in die vorhandenen Marktsegmente eindringt oder mit neuen Produkten neue Märkte erobern hilft.

In dem Unternehmensbeispiel „Beauty Styling Mobil" könnten Unternehmensziele beispielsweise in einem angemessenen Einkommen, der Zukunftsfähigkeit auf den bearbeiteten Märkten und der Unabhängigkeit in der Unternehmensführung bestehen.

Praktische Tipps:

• Sie sollten neben den Unternehmenszielen auch für sich und Ihre Mitarbeiter eine Visiondes Unternehmens formulieren. Ein modernes Unternehmen sollte visionsfähig sein.
• Wenn Sie sich gegenüber starken Mitbewerbern behaupten müssen, sollten Sie als Unternehmensziele die Konzentration auf Marktnischen, eine kundennahe Veränderung der Produkteigenschaften und Preisflexibilität durch Kostenführerschaft wählen.

Baustein „Marketingplan"

Der Blick auf den Markt, also alles marktorientierte Beobachten, Planen und Handeln wird Marketing genannt und stellt eine wichtige Voraussetzungen für den Erfolg gerade eines jungen Unternehmens dar. Marketing ist dazu da, Ihr Angebot möglichst gut zu verkaufen. Das Marketingkonzept soll eine unverwechselbare Identität Ihres Unternehmens im Wettbewerbsraum schaffen.

Im Zusammenhang mit dem Thema „Marketing" ist auch die Kenntnis des Unterkapitels „Der Markt" notwendig. Marketing baut auf einer Marktanalyse auf. Es sollten zum Marketing im Geschäftsplan die folgenden Fragen beantwortet werden:

Preis

- Welche Preisstrategie verfolgen Sie und warum? (z.B. Schnäppchenpreise, Dauertiefstpreise)
- Zu welchem Preis wollen Sie Ihre Produkte/Leistungen anbieten?
- Welche Kalkulation liegt diesem Preis zugrunde?

Vertrieb

- Welche Absatzgrößen steuern Sie in welchem Zeitraum an?
- Welche Zielgebiete steuern Sie an?
- Welche Vertriebspartner werden Sie nutzen?
- Welche Kosten entstehen durch den Vertrieb?

Werbung

- Wie erfahren Ihre Kunden von Ihrem Produkt/Ihrer Dienstleistung?
- Welche Werbemaßnahmen planen Sie wann?

An dieser Stelle sollen noch einige Anregungen zum Thema Werbung gegeben werden. Die wenigsten Gründer können sich gleich zu Beginn eine Werbeagentur leisten, um ihr Angebot bekannt zu machen. Fragen Sie daher die Anbieter verschiedener Werbemedien nach ihren Erfahrungen und lassen Sie sich Tipps geben. Achten Sie immer darauf, dass Sie dabei das Werbeziel (was wollen Sie mit der Werbung erreichen?) und die Zielgruppe (wen wollen Sie ansprechen?) nicht aus den Augen verlieren.

Es gibt Anzeigen-Agenturen für Tages-/Wochenzeitungen, die Ihnen Hinweise zu Leserkreis, Anzeigengestaltung und Ansprache der Leser geben können. Eine einspaltige Kleinanzeige, fünf Zentimeter hoch, kostet in der Wochenausgabe einer Regionalzeitung (Auflage 70.000 Stück) etwa 100 EUR.

Zudem können freiberufliche Graphiker und Werbetexter die Gestaltung von Firmenlogo und Briefpapier, Flyer und Broschüren übernehmen. Freie Graphiker sind meist günstiger als Werbeagenturen und berechnen einen Stundensatz zwischen 50 und 80 EUR. Hinzu kommen die Produktionskosten, beispielsweise für je 2.000 Brief- und Faxbögen sowie Rechnungen, 5.000 Versandhüllen und vier verschiedene Visitenkarten a` 100 Stück rund 1.250 EUR.

Messen und Verbrauchsveranstaltungen können Ihnen Hinweise zu Werbung und Präsentation von Konkurrenten geben. Copy-Shops und Druckereien erteilen Ihnen Ratschläge zur Gestaltung von Wurfzetteln und Plakaten.

Ein kostengünstiger Internetauftritt kann von Ihnen selbst beispielsweise unter www.einsundeins.de mit Hilfe eines Baukastensystems erstellt werden. Dies ist für den Anfang bei einem Kleinunternehmen ausreichend. Professionelle Lösungen bietet beispielsweise www.gruender-shop.de für 99 EUR + monatliche Kosten an.

Für Ihre PR-Arbeit berechnet eine kleinere PR-Agentur für Beratung und Text 60 bis 90 EUR je Stunde. Für eine Manuskriptseite eines PR-Artikels ist ein durchschnittliches Honorar von 300 EUR üblich.

Für das Unternehmensbeispiel „Beauty Styling Mobil" kann folgender Marketingplan erstellt werden:

Medien	Zeitpunkt
Ausstattung	
Autobeschriftung	Vor Gründung
Visitenkarten	Vor Gründung
Arbeitskleidung	Vor Gründung
Markteintritt	
Anzeige/Wochenblatt	Jede Woche
Anzeige Tageszeitung	Im ersten halben Jahr wöchentlich
Interview City Blatt	Im zweiten Monat
Wiederkehrende Maßnahmen	
Verbrauchermesse	Alle drei Monate
Beauty Aktionstag	Alle drei Monate

Kontaktadressen:
- Deutscher Marketing Verband e.V.
  Benrather Str. 12
  40213 Düsseldorf
- Arbeitskreis Deutscher Markt-
  und Sozialforschungsinstitute e.V.
  Langer Weg 18
  60489 Frankfurt/Main

Praktische Tipps:

- *Existenzgründer wissen oft nicht, ob Ihr Produkt oder Ihre Dienstleistung auf dem Markt überhaupt erwünscht ist und wie diese auf dem Markt verkauft werden können. Lassen Sie sich diesbezüglich unbedingt beraten.*
- *Es bestehen sehr oft Probleme, Werbung und Akquise auf konkrete Zielgruppen hin zu planen und zu koordinieren. Vermeiden Sie, sich zu verzetteln und damit hohe Kosten mit geringem Erfolg einzufahren.*
- *Von Bedeutung für Existenzgründer ist auch, dem Unternehmen so schnell wie möglich ein Unternehmensprofil zu geben, um seine Identität einheitlich und systematisch zu kommunizieren.*
- *Mit einer einmaligen, noch so schwungvollen Eröffnungsaktion zum Unternehmensstart sind Ihre Pflichten in der Öffentlichkeitsarbeit keinesfalls erledigt. Ihre Firma bekannt zu machen und zu erhalten, ist Chefsache.*

Baustein „Finanzplan"

Der Finanzplan des Geschäftsplanes beinhaltet die Bereiche „Investitionen", „Kapitalbedarf", „Liquiditätsplan" und „Gewinn- und Verlustrechnung". Die ersten beiden Bereiche sind schon in dem Unterkapitel „Investitionen und Kapitalbedarf" des Unternehmenskonzeptes (bzw. in dem Unterkapitel „Finanzierung" der Basisinformationen) behandelt worden.

Der Liquiditätsplan ist von wesentlicher Bedeutung, da die Zahlungsfähigkeit des Unternehmens zu jedem Zeitpunkt gewährleistet sein muss. Da nicht von Beginn an die geplanten Durchschnittsumsätze erzielt werden können und zudem Investitionen in den Markteintritt notwendig sind, können die Privatentnahmen nur schrittweise erhöht werden.

Liquiditätsplan am Beispiel „Beauty Styling Mobil"

Position	Monat 1	Monat 2	Monat 3
Einzahlungen aus Umsätzen	**2.000 EUR**	**2.500 EUR**	**3.000 EUR**
- Material	600 EUR	750 EUR	900 EUR
- Büro	150 EUR	150 EUR	150 EUR
- Miete	200 EUR	200 EUR	200 EUR
- Kfz	500 EUR	500 EUR	500 EUR
- Versicherungen	30 EUR	30 EUR	30 EUR
- Summe Auszahlungen	**1.480 EUR**	**1.630 EUR**	**1.780 EUR**
= Saldo (Ergebnis der gewöhnlichen Geschäftstätigkeit)	**520 EUR**	**870 EUR**	**1.220 EUR**
- Auszahlungen für Investitionen	500 EUR	500 EUR	500 EUR
- Privatentnahmen	500 EUR	600 EUR	700 EUR
+ Bankguthaben	1.500 EUR	1.020 EUR	790 EUR
= Liquidität	**1.020 EUR**	**790 EUR**	**810 EUR**

In der Gewinn- und Verlustrechnung werden zusätzlich zahlungsunwirksame Aufwendungen und Erträge berücksichtigt. Dies sind insbesondere Abschreibungen, also die Absetzung für Abnutzung (AfA) der Anlagegüter (z.B. PC, Geräte, PKW). Ein PC wird beispielsweise über drei Jahre genutzt. Nach linearer AfA reduziert sich der Restwert des PC nach einem Geschäftsjahr jeweils um ein Drittel des Anschaffungspreises. Der Form halber wird der Gegenstand nach der geplanten Nutzungsdauer, solange er betrieblich genutzt wird, mit einem Erinnerungswert von 1 EUR erfasst.

AfA Berechnung der Anlagegüter von „Beauty Styling Mobil"

Gegenstand	Anschaffungswert	Nutzungs-Dauer	Restwert Ende 1. Jahr	Restwert Ende 2. Jahr	Restwert Ende 3. Jahr
PKW, gebraucht	5.000 EUR	3	3.333 EUR	1.667 EUR	1 EUR
Profi Härtungsgerät (gebraucht)	145 EUR	2	145 EUR	1 EUR	0 EUR
Grundaus-Stattung Styling (gebraucht)	130 EUR	2	130 EUR	1 EUR	0 EUR
PC	1.500 EUR	3	1.000 EUR	500 EUR	1 EUR
Summe	**6.775 EUR**		**4.603 EUR**	**2.169 EUR**	**2 EUR**

Die Gewinn- und Verlustrechnung weist lediglich den betrieblich bedingten Aufwand aus. Auch zahlungsunwirksame Aufwendungen wie die betriebliche Nutzung von Wohneigentum gehören dazu.

Gewinn- und Verlustrechnung „Beauty Styling Mobil" für drei Monate im ersten Jahr

Position	Monat 1	Monat 2	Monat 3
Styling	2.000 EUR	2.500 EUR	3.000 EUR
+ Warenverkauf	0 EUR	0 EUR	0 EUR
= Summe Umsatz	**2.000 EUR**	**2.500 EUR**	**3.000 EUR**
- Handelswaren	0 EUR	0 EUR	0 EUR
- Verbrauchsmaterial	600 EUR	750 EUR	900 EUR
- Miete	200 EUR	200 EUR	200 EUR
- Werbung	500 EUR	500 EUR	500 EUR
- Steuern	0 EUR	0 EUR	0 EUR
- Zinsen	0 EUR	0 EUR	0 EUR
- Sonstiges	650 EUR	650 EUR	650 EUR
- Abschreibungen	383,58 EUR	383,58 EUR	383,58 EUR
- Summe Aufwand	**2.332,83 EUR**	**2.483,58 EUR**	**2.633,58 EUR**
= Gewinn/Verlust	**- 332,83 EUR**	**16,42 EUR**	**366,42 EUR**

Baustein „Chancen und Risiken"

Eine realistische Einschätzung von Chancen und Risiken, die Gründer aktuell beobachten oder mit hoher Wahrscheinlichkeit erwarten, darf in keinem Geschäftsplan fehlen. Sie sollten sich dazu die folgenden Fragen stellen:

• Wie könnten sich die technologischen Möglichkeiten im Idealfall entwickeln?

• Wie könnten sich die Kundenwünsche im Idealfall entwickeln?

• Wie könnte sich der Markt im Idealfall entwickeln?

• Wie könnte sich Ihr Unternehmen im Idealfall entwickeln?

• Wurde eingeplant, dass es zu Zahlungsausfällen kommen kann?

• Bestehen zusätzliche finanzielle Belastungen?

• Kann auch der private Kapitaldienst (Tilgung und Zinsen für private Kredite) erbracht werden?

• Gibt es Umweltrisiken oder Auflagen, die ggf. beachtet werden müssen?

• Unter welchen Bedingungen können Sie Ihre Ziele nicht mehr realisieren? Wie können Sie dann reagieren?

Einbezogen werden muss also eine Schilderung, wie der Firmenchef auf künftige positive und negative Veränderungen reagieren will und welche Auswirkungen bestimmte Ereignisse auf die Unternehmensentwicklung haben können. Dazu sollte ein günstigster Fall (Best Case) und ein ungünstigster zu erwartender Fall (Worst Case) beschrieben werden.

- Welches sind die drei größten Chancen, die die weitere Entwicklung des Unternehmens positiv beeinflussen (Best Case)?
- Welches sind die drei wichtigsten Probleme, die eine positive Entwicklung Ihres Unternehmens behindern können (Worst Case)?

Für das Unternehmensbeispiel „Beauty Styling Mobil" kann beispielsweise formuliert werden, dass sich im Best Case der Umsatz an der Leistungskapazitätsgrenze von 73.800 EUR jährlich befindet und man darüber nachdenken müssten über den Preis weiter zu steuern, d.h. den bisherigen Preis zu erhöhen. Im Worst Case wird der Mindestumsatz nicht erreicht, um die laufenden Kosten zu decken. In diesem Fall soll verstärkt Werbung betrieben werden und der Geschäftsplan mit Hilfe eines Unternehmens- oder Steuerberaters nochmals überarbeitet werden.

Kontaktadresse:
Bundesverband Deutscher
Unternehmensberater e.V.
Kronprinzendamm 1
10711 Berlin
www.bdu.de

Praktische Tipps:

- *Formulieren Sie ruhig zwei ganz extreme Szenarien (Best Case; Worst Case) in Ihrem Geschäftsplan, um eine mögliche positive/negative Entwicklung deutlich zu machen.*
- *Vergessen Sie nicht, auch Ihre möglichen Maßnahmen/Reaktionen auf ungünstige Entwicklungen zu beschreiben.*
- *Lassen Sie sich bei den Szenarien ggf. beraten (z.B. kostenlos bei IHK, HWK).*

Baustein „Rentabilitätsvorschau"

Die Gründung einer selbstständigen Existenz lohnt sich nur dann, wenn Sie auf Dauer ausreichend Gewinn machen.

Wie viel Geld muss bzw. will ich mit meiner Selbstständigkeit verdienen, um meine laufenden Kosten und eventuell die meiner Familie zu finanzieren? Wird mein Unternehmen genug Geld erwirtschaften, dass zunächst sowohl meine privaten als auch meine unternehmerischen Kosten gedeckt sind?

Bei der Beantwortung dieser Fragen hilft Ihnen die Rentabilitätsvorschau. Sie ist eine Schätzung der Rentabilität und sollte mindestens die ersten drei Jahre umfassen.

> Übersicht: Rentabilitätsvorschau

Position	Beispiel-unternehmen	Ihre Zahlen 1. Jahr	Ihre Zahlen 2. Jahr	Ihre Zahlen 3. Jahr
Erwarteter Umsatz	262.000 EUR			
- Wareneinsatz	150.000 EUR			
= Rohgewinn I	112.000 EUR			
- Personalkosten	50.000 EUR			
= Rohgewinn II	62.000 EUR			
- Sachgemeinkosten (Miete, Strom, Versicherung, Steuern, Fahrzeugkosten, Werbung, Bürobedarf usw.)	25.000 EUR			
- Zinsen	4.000 EUR			
- Abschreibungen	8.000 EUR			
= Jahresüberschuss	25.000 EUR			

Der Jahresüberschuss sollte mindestens die privaten Ausgaben des Unternehmens sowie Tilgungsbeträge von Krediten und eine Reserve für Unvorhergesehenes abdecken. Bei einer Kleingründung ist sogar die Erstellung einer 5-Jahres-Rentabilitätsvorschau empfehlenswert, um die Gewinne auch längerfristig abschätzen zu können.

Praktische Tipps:

• *Besonders das dritte Jahr in der Rentabilitätsvorschau ist besonders kritisch, da dann Darlehen aus öffentlichen Förderprogrammen in der Regel getilgt werden müssen.*

• *Bei der Berechnung der Rentabilität helfen Ihnen die Kammern (z.B. IHK, HWK) mit Erfahrungswerten Ihrer Branche.*

• *Für den Einzelhandel veröffentlicht das Institut für Handelsforschung (Universität Köln)jährliche Vergleichsdaten.*

2.4 Präsentation Ihrer Geschäftspläne

Die Geschäftsidee ist ein Schritt, die Erarbeitung und Entwicklung des Geschäftsplanes ein weiterer, seine Präsentation ist jedoch der häufig wichtigste Schritt. Für Existenzgründer, insbesondere Gründer aus der Arbeitslosigkeit, gibt es mehrere Gelegenheiten, bei denen Sie Ihren Geschäftsplan präsentieren müssen.

Bei der Beantragung des Gründungszuschusses sollten die Eckdaten des Geschäftsplanes dem **Arbeitsvermittler bei der Agentur für Arbeit** bzw. einer fachkundigen Stelle präsentiert werden, um eine positive Tragfähigkeitsprüfung zu erhalten. Zudem ist die Präsentation des Geschäftsplanes schon in der Konzeptionsphase der Existenzgründung von Bedeutung – z.B. bei der **Information über mögliche Gewerberäume** oder über **Lieferbeziehungen**.

Wichtigster Präsentationsanlass ist für die meisten Existenzgründer das **Bankgespräch** zur Finanzierung des Gründungsvorhabens, bei dem sie insbesondere Auskunft über Ihre Kompetenzen, Strategien und Ihr Leistungsprogramm geben sollten. Auch gegenüber **Kunden** ist eine Präsentation des Geschäftsplanes sinnvoll, um konkrete Vorstellungen vom Unternehmen und seinen Leistungen zu wecken. Weiterhin kann der Geschäftsplan beim Auswahlgespräch für neue **Mitarbeiter** beispielsweise über die Unternehmensphilosophie und Unternehmensziele informieren. In der PR-Arbeit können Sie der **Presse** bei Eröffnungstagen oder Aktionstagen Ihren Geschäftsplan bzw. Teile hiervon präsentieren.

Eine gelungene Präsentation hängt vor allem von drei Faktoren ab:

- Der persönlichen Kommunikationsfähigkeit („Reden lernt man durch Reden" Marcus Cicero)
- Gut visualisierten Leistungsinhalten (verwenden Sie möglichst eine handelsübliche Präsentationssoftware)
- Der Beherrschung der audiovisuellen Medien (Lassen Sie sich die benutzten Medien ggf. erklären).

Tipps für eine gelungene Präsentation

Nachfolgend finden Sie detaillierte Tipps für Ihre Präsentation:

- Inhaltlich und konzeptionell sollte die Präsentation so aufgebaut sein, dass selbst völlig unbedarfte Laien auf Anhieb verstehen, worum es geht.
- Gestalten Sie Ihre Präsentation möglichst mit einer handelsüblichen Präsentationssoftware (z.B. MS-Powerpoint).
- Verwenden Sie eine einheitliche gut lesbare Schriftart (z.B. Arial).
- Achten Sie auf die Schriftgröße (ab 16 Punkt).
- Seiten nicht überladen (maximal 7 Zeilen).
- Beachten Sie die Einheitlichkeit der Farben.
- Bauen Sie nur so viele Bilder und Grafiken ein, wie es sinnvoll ist.
- Berücksichtigen Sie die mentalen Präferenzen Ihrer Zuhörer. Bei Banken- und Finanzexperten sollten Sie beispielsweise auf umfangreiche Beschreibungen technischer Details besser verzichten. „Banker" denken eher diszipliniert, sequentiell, organisiert, logisch rational und faktenorientiert.

• Erstellen Sie eine Liste der zu besprechenden Punkte und eine Zuweisung von Zeiten für weitere Redner (z.B. Unternehmensberater, Steuerberater). Halten Sie den festgelegten Zeitplan unbedingt ein. Präsentieren Sie die Folien nicht zu schnell, aber dennoch zügig, um das Interesse und die Aufmerksamkeit Ihrer Zuhörer nicht zu verlieren.

• Nehmen Sie Ihre Geschäftspartner und den Berater Ihres Vertrauens mit, damit Detailfragen, mit denen Sie nicht vertraut sind, beantwortet werden können.

Der richtige Ablauf

Stellen Sie sich und Ihre Begleiter kurz vor. Geben Sie einen kurzen Abriss des Themas und eine Zusammenfassung des Gegenstandes der Präsentation. Verwenden Sie alle Fakten, Daten und Hinweise aus Ihrem Geschäftsplan.

• Zum Einstieg

Unterscheiden Sie sich gleich zu Beginn an von der standardisierten Art und Weise, wie Ihre Konkurrenten um Kapital vorsprechen, indem Sie auf Ihre Managementphilosophie und deren Bedeutung für ein gesundes Wachstum eines Unternehmens hinweisen. Beschreiben Sie Ihre ethischen unternehmerischen Prinzipien und Ihre Verantwortung als Unternehmer für die Gesellschaft. Zeigen Sie aber sehr schnell auf, wie Sie den beantragten Kredit zurückzahlen werden und welche Sicherheiten Sie bieten können.

• Ihre Geschäftspartner

Erläutern Sie den beruflichen Werdegang des Managements und der Know-how-Träger sowie deren fachliche, persönliche, soziale und organisatorische Kompetenz. Ihre Gesprächspartner und potentiellen Investoren wollen wissen, wer die Unternehmensgründer sind und welches Wissen und welche Erfahrung sie mitbringen. Sie interessieren sich aber auch für das Umfeld – z.B. welche Berater, welche Lieferanten sind involviert.

- Vorgehensweise im Gründungsprozess

Beschreiben Sie, wie Sie den Prozess der Unternehmensgründung organisiert haben und mit welcher Systematik Sie vorgegangen sind. Zeigen Sie in Kurzform die einzelnen Elemente auf und wie Sie zu Ergebnissen gekommen sind. Was ist Ihre Geschäftsidee und wie haben Sie sie entwickelt?

- Zweck des Unternehmens

Stellen Sie dar, warum Sie sich mit der Fertigung oder dem Vertrieb Ihrer Problemlösung an einer genau definierten Bedürfnisgruppe orientieren wollen. Welchen Nutzen und welche Resultate erzielen Ihre potentiellen Käufer durch Ihr Produkt?

- Ihre Strategie

Machen Sie hier deutlich, dass die richtige Strategie das Schlüsselelement für Ihren unternehmerischen Erfolg darstellt. Weisen Sie darauf hin, dass die Mehrzahl der Unternehmen keine schriftlich dokumentierte Unternehmensstrategie vorweisen kann. Unterscheiden Sie sich auch hier von anderen.

- Ihr Produkt/ihre Dienstleistung

Beschreiben Sie kurz die Besonderheiten daran und geben Sie den aktuellen Stand der Entwicklung wieder. Verlieren Sie sich dabei aber keinesfalls in Details.

- Rechts- und betriebswirtschaftliche Aspekte

Geben Sie die Rechtsform, die Sie für Ihr Unternehmen gewählt haben, und den Grund dafür an. Legen Sie Ihren Geschäftsplan, Ihre Rentabilitätsvorschau und Ihren Finanzierungsplan auf den Tisch. Geben Sie Ihren Gesprächspartnern das sichere Gefühl, ein durchdachtes und aussichtsreiches Vorhaben mitzutragen.

3. Rechnungswesen – leicht gemacht

*"Ein Mathematiker ist ein Mensch, der einen ihm
vorgetragenen Gedanken nicht nur sofort begreift,
sondern auch erkennt,
auf welchem Denkfehler er beruht."*
*Melmar Nahr, deutscher Mathematiker und
Wirtschaftswissenschaftler*

Auch für Existenzgründer ohne kaufmännische Vorbildung ist
ein Überblick über das Rechnungswesen des eigenen Unternehmens von Bedeutung, um beispielsweise die Erklärungen
des Steuerberaters besser verstehen zu können. Das Rechnungswesen zeichnet lückenlos alle Geschäftsvorfälle auf und
liefert so im Idealfall ein exaktes Abbild aller betrieblichen Ab-
läufe.

Das betriebliche Rechnungswesen untergliedert sich u.a. in die
Gebiete Buchführung und Kostenrechnung. Zudem wird das
Controlling auf der Grundlage eines korrekten Rechnungswe-
sens behandelt.

3.1 Buchhaltung

Praktiker sagen: Wer seine Buchführung im Griff hat, hat auch
sein Unternehmen im Griff. Probleme im Unternehmen und
"schlampige" Buchführung gehen meist Hand in Hand. Eine
ordentliche Buchführung informiert über die Ertragslage und
die finanzielle Situation eines Unternehmens.

Zweck der Buchführung und Buchführungspflicht

Generell stellt die Buchführung Informationen über die Ge-
schäftsentwicklung des eigenen Unternehmens zur Verfügung.
Zudem sind die Zahlen aus der Buchführung die Grundlage für
die Steuererklärung insbesondere die Erstellung der Umsatz-
steuervoranmeldung für alle umsatzsteuerpflichtigen Unternehmen.

Die Buchführung des eigenen Unternehmens stellt auch die Grundlage für Banken bei Kreditentscheidungen dar. Weiterhin ist sie Basis für ein Controlling und die Unternehmensplanung.

Sie bietet Informationen über Einnahmen und Ausgaben – in Form einer **Einnahmen- und Ausgabenrechnung** in der einfachen Buchführung. Dies ist für Kleinunternehmen i.d.R. ausreichend. Für größere Unternehmen gibt es die Form **der Gewinn- und Verlustrechnung und Bilanz** bei der doppelten Buchführung (siehe nächstes Unterkapitel). Die Bilanz stellt eine Ermittlung des Vermögens, des Eigenkapitals und der Schulden bei der doppelten Buchführung dar.

Unter **Buchführungspflicht** versteht man die Verpflichtung, eine komplette doppelte Buchführung samt Jahresabschluss und Gewinn- und Verlustrechnung vorweisen zu müssen.

Die folgenden Personenkreise sind buchführungspflichtig:

• Hierzu zählen grundsätzlich alle Kaufleute. Kaufleute sind alle Unternehmer, die ein selbstständiges Handelsgewerbe betreiben. Ausnahme ist, wenn Ihr Unternehmen nicht einen „nach Art oder Umfang in kaufmännischer Weise eingerichteten Geschäftsbetrieb" erfordert. D.h. wer sehr einfach strukturierte, überschaubare und transparente Geschäftsbeziehungen hat, muss auch bei größerem Umsatz kein Kaufmann sein, ebenso wie ausgesprochenes Kleingewerbe (z.B. kleiner Tabakladen). Informieren Sie sich dazu bei Ihrer IHK oder HWK.

• Nicht-Kaufleute sind trotzdem zur doppelten Buchführung verpflichtet, wenn der Umsatz 500.000 EUR im Kalenderjahr oder der Gewinn aus Gewerbebetrieb 50.000 EUR im Wirtschaftsjahr übersteigt.

• Jede Kapitalgesellschaft (GmbH; AG) gilt immer als Kaufmann – egal womit sie sich befasst – und ist zur doppelten Buchführung verpflichtet.

• Gewerbetreibende ohne Eintragungspflicht in das Handelsregister können sich, wenn sie wollen, im Handelsregister eintragen lassen und sind dann Kaufleute mit entsprechender doppelter Buchführungspflicht.

Nicht buchführungspflichtig, d.h. es besteht nur die Verpflichtung zu einer einfachen Buchführung, sind die folgenden Gruppierungen:

- Alle anderen Nicht-Kaufleute
- Alle anderen Betriebe aus der Land- und Forstwirtschaft
- Freiberufler.

Einfache und doppelte Buchführung

Die einfache und doppelte Buchführung unterscheiden sich vor allem in ihrem Arbeitsaufwand und den Unterlagen, die jeweils dem Finanzamt vorgelegt werden müssen. So ist bei der einfachen Buchführung lediglich eine Einnahmen-Überschussrechnung erforderlich, bei der doppelten Buchführung hingegen eine Bilanz und Gewinn- und Verlustrechnung.

Sowohl in der einfachen als auch in der doppelten Finanzbuchhaltung werden üblicherweise alle Geschäftsvorgänge in **Konten** (= Rubriken für bestimmte Vorgänge z.B. Mietzahlungen, Wareneinkäufe) festgehalten. Auf diese Weise gibt es viele verschiedene Konten nebeneinander, die in einem Kontenplan zusammengefasst sind. Jedes Konto wird jeweils chronologisch geführt. Welche Konten man in seiner Buchhaltung anlegen sollte, ist dabei je nach Branche verschieden und hängt von den Besonderheiten jedes Unternehmens ab.

Für einzelne Branchen gibt es **Kontenrahmen**. Dies sind Muster für einen Kontenplan. Diese Kontenrahmen sind bei Kammern, Verbänden oder auch beim Steuerberater erhältlich. Die Buchführung kann mittels solcher Kontenpläne manuell in einem gebundenen Journal, auf losen Kontenblättern oder wie heute üblich mittels EDV bewältigt werden.

a) Einfache Buchführung

Die einfache Buchführung ist nur für kleine Betriebe mit einfachen und leicht überschaubaren Geschäftsprozessen empfehlenswert, in denen auch ansonsten der Überblick über die Vermögens-, Ertrags- und Liquiditätssituation nicht so schnell verloren gehen kann. Sie ist nur für Unternehmen zulässig, die nicht buchführungspflichtig sind.

Bei der einfachen Buchführung werden Konten für gängige Geschäftsvorgänge eingerichtet z.B. Büromaterialien, Miete, Telefon usw. Innerhalb der einzelnen Konten werden die Einnahmen und Ausgaben in zeitlicher Reihenfolge erfasst. Außerdem werden die Buchungen von Kasse und Bankkonten festgehalten.

Dazu sollten Sie ein Kassenbuch etwa nach folgendem Beispiel geführt werden:

Kassenbuch Januar 2008

Datum	Beleg Nr.	Text	Einnahme	Ausgabe	Saldo
01.01.2008		Vortrag Dezember 2007			500,00
03.01.2008	1	Briefmarken		31,00	469,00
11.01.2008	2	Druckerpatronen		95,00	374,00
17.01.2008	3	Büromaterial		21,50	352,50
18.01.2008	4	Einlage in Kasse	100,00		452,50
23.01.2008	5	Barhonorar	315,00		767,50
usw.					
31.01.2008		Übertrag Januar 2008			767,50

Nicht erfasst werden Angaben über das Betriebsvermögen (z.B. Maschinen, Material und bestehende Forderungen) bzw. die Schulden (Darlehen, Verbindlichkeiten usw.) des Unternehmens. Das vollständige Betriebsvermögen lässt sich nur durch eine Inventur (Bestandsaufnahme) feststellen.

Für das Finanzamt muss eine **Einnahmen-Überschussrechnung** gemäß § 4 Abs. 3 EStG durchgeführt werden. Sie muss auf einem amtlichen Vordruck beim Finanzamt eingereicht werden (Download des Formulars unter www.bundesfinanzministerium.de).

Bei Einnahmen von unter 17.500 Euro darf die Einnahmen-Überschuss-Rechnung nach einem beliebigen Schema gegliedert werden. Das folgende Schema bietet sich an:

Betriebseinnahmen des Wirtschaftsjahres

-     Betriebsausgaben des Wirtschaftsjahres

+   (bei Umsatzsteuerpflicht: USt auf Betriebseinnahmen, UST-Erstattungen vom Finanzamt)

-     (bei Umsatzsteuerpflicht: UST-Zahlungen an das Finanzamt, Vorsteuerbeträge)

=   **Einnahmenüberschuss**

+   Privatentnahmen des Wirtschaftsjahres

-     Privateinlagen des Wirtschaftsjahres

=   **GEWINN**

Die Einnahmen-Überschussrechnung sowie die einfache Buchführung ist bei Kleingründungen die Regel. Wenn Sie als Kleingründer über keine kaufmännische Vorbildung verfügen, sollten Sie zumindest am Anfang einen Steuerberater um Hilfe bitten, um die gröbsten Fehler zu vermeiden.

b) Doppelte Buchführung

Die doppelte Buchführung ist für alle Betriebe mit differenzierten und nicht leicht überschaubaren Geschäftsprozessen empfehlenswert. Sie ist zudem Pflicht für alle Unternehmen, die buchführungspflichtig sind.

Die doppelte Buchführung hat ihren Namen daher, dass nun jeder Geschäftsvorfall auf mindestens zwei Buchführungskonten verbucht wird – sozusagen „doppelt". Wird eine Lieferantenrechnung per Banküberweisung bezahlt, so wird dies sowohl im Konto für „Wareneinkäufe" als auch im Konto „Bank" festgehalten (Gegenbuchung).

Jedes Konto verfügt dabei über eine **Soll- und Habenseite** (Die linke Seite des Kontos heißt immer SOLL und die rechte Seite immer HABEN). Auf den Konten werden Einnahmen und Ausgaben erfasst. Wie Buchungen für einzelne Konten richtig ausgeführt werden, ist nicht leicht zu verstehen. Existenzgründer, die die doppelte Buchführung selbst erledigen wollen, sollten daher unbedingt einen Buchführungskurs belegen. Eine Alternative stellt die Anstellung einer Fachkraft oder die Übertragung der Buchführung auf den Steuerberater oder ein Buchführungsbüro dar.

Die doppelte Buchführung erlaubt jederzeit einen Überblick z.B. über den Stand der Verbindlichkeiten, über offene Kundenrechnungen und die Liquidität des Unternehmens. Zum Ende jeden Geschäftsjahres muss außerdem ein Jahresabschluss erstellt werden. Dazu gehören die Gewinn- und Verlustrechnung (G+V) und eine Bilanz. Beide werden in der Regel vom Steuerberater angefertigt. Stichtag ist der 30.06. des Folgejahres.

Die Gewinn- und Verlustrechnung errechnet das Ergebnis der Unternehmensaktivitäten durch eine Gegenüberstellung aller Umsatzerlöse, der Bestandsveränderungen und der Aufwendungen, die diese Erlöse mindern. Übersteigen unter dem Strich die Erlöse die Aufwendungen, so handelt es sich um einen **Unternehmensgewinn**. Analysiert man einzelne Konten (z.B. die Konten der Kostenarten oder die Erlöskonten), so wird ersichtlich, welche Faktoren für den Erfolg oder Misserfolg des Unternehmens verantwortlich sind.

Die **Bilanz** zeigt, wie sich das Unternehmensvermögen, das Eigenkapital und die Schulden im Geschäftsjahr entwickelt haben. Wurden z.B. Teile des Anlagevermögens, etwa Maschinen, verkauft? Wurden Kredite aufgenommen? Zudem rechnet die Bilanz das Ergebnis der Gewinn- und Verlustrechnung mit ein. So würde ein Gewinn das Unternehmensvermögen steigern.

Im Folgenden finden Sie eine vereinfachte Darstellung einer Bilanz:

Aktiva	Bilanz zum 31.12.2007	Passiva

A. Anlagevermögen
I. Immaterielle Vermögensgegenstände
1. Konzessionen
2. Firmenwert
II. Sachanlagen
1. Grundstücke
gen
2. Technische Anlagen und Maschinen
3. Betriebs- und Geschäftsausstattung
III. Finanzanlagen
1. Beteiligungen
tinst.
2. Wertpapiere des Anlagevermögens
aus

B. Umlaufvermögen
I. Vorräte
1. Roh-, Hilfs-, Betriebsstoffe
zungs-
2. unfertige Erzeugnisse
3. fertige Erzeugnisse und Waren
II. Forderungen
1. Forderungen aus Lieferungen und
Leistungen
2. Forderungen gegenüber verbundene
Unternehmen
III. Wertpapiere
IV. Schecks, Kassenbestand, Guthaben
bei Kreditinstituten

A. Eigenkapital

B. Rückstellungen
1. Rückstellungen für
Pensionen
2. Steuerrückstellun-

C. Verbindlichkeiten
1. Verbindlichkeiten
gegenüber Kredi-

2. Verbindlichkeiten

Lieferungen und
Leistungen

D. Rechnungsabgren-

posten

C. Rechnungsabgrenzungsposten

Für das Finanzamt besteht die Verpflichtung, einen **Betriebsvermögensvergleich** gemäß § 4 Abs. 1 EStG durchzuführen. Zwingend vorgeschrieben ist dies für Kapitalgesellschaften (GmbH, AG), kann jedoch auch von Kleinunternehmen oder Freiberuflern gewählt werden.

Die Vorgehensweise sehen Sie in dem folgenden Schema:

Betriebsvermögen am Ende des Wirtschaftsjahres

-      Betriebsvermögen am Ende des vorangegangenen Wirtschaftsjahres

=   Betriebsvermögensänderung (Zunahme oder Abnahme)

+   Privatentnahmen des Wirtschaftsjahres

-      Privateinlagen des Wirtschaftsjahres

=   **GEWINN**

3.2 Kostenrechnung

Viele Existenzgründer neigen dazu, Einnahmen zu hoch und Kosten zu niedrig einzuschätzen. Eine Aufgabe der Kostenrechnung besteht u.a. in einer vollständigen Erfassung aller Kosten in einem Unternehmen (Kostenartenrechnung, Kostenstellenrechnung) und in einer Kalkulation der entsprechenden Angebotspreise (Kostenträgerrechnung).

Mit Hilfe einer Aufstellung der Kostenarten lässt sich z.B. ermitteln, ob die Umsätze ausreichen, um die Kosten zu decken, ob Kosten gesenkt oder ob die Umsätze gesteigert werden müssen.

Position	Betrag in EUR
Umsatz	
- **Waren-/Materialeinsatz**	
= Rohertrag I	
- **Personalkosten**	
= Rohertrag II	
- **Abschreibungen**	
- **Zinsen**	
- **Sonstige Kosten**	
Raumkosten/Miete	
Energiekosten	
Reparatur/Instandhaltung	
Gebühren, Beiträge, Versicherungen	
Gewerbesteuer, sonstige Steuern	
Fahrzeugkosten	
Kosten aus Leasingverträgen	
Werbe- und Reisekosten	
Vertriebskosten	
Porto, Telefon, Verwaltungskosten	
Buchführung, Beratung	
= Gewinn vor Steuern	

Kosten für Herstellung und Leistungen können u.a. durch folgende Maßnahmen gesenkt werden:

- Schnelleren Produktionsdurchlauf

- Bessere Kapazitätsausnutzung

- Standardprodukte statt Sonderanfertigungen

- Geeignetes Werkzeug

- Einsatz billigerer Materialien (Kunststoff statt Metall)

- Automatisierung

- Weniger Abfall, Ausschuss, Nacharbeiten, Wartezeiten

- Geringerer Energieverbrauch

- Kürzere Transportwege

- Weniger Personal

- Niedrigere Einkaufspreise

- Geringere Lagerhaltung („just-in-time")

- Recycling.

121

Mit Hilfe der Kostenrechnung kann eine genaue Preiskalkulation durchgeführt werden, die sich an verschiedenen Einsichten orientiert. Auf dem jeweiligen Markt bestimmen Angebot und Nachfrage den Preis (Grundsatz). Der Preis soll so hoch sein, dass ein Umsatz erzielt werden kann, der die Kosten deckt und Gewinn erwirtschaftet (Kostenpreise). Der Preis soll konkurrenzfähig sein (Marktpreise).

Beispiel: Angebotskalkulation im Handwerk

Position	Betrag in EUR
Anzahl der Stunden (70) x Stundenverrechnungssatz (30 EUR) = Lohnumsatz	2.100
+ Materialeinkaufspreis	1.600
+ Aufschlag auf Material (10%)	160
+ Sondereinzelkosten (Fertigung, Vertrieb)	125
= Selbstkosten	3.985
+ Wagnis und Gewinn	200
= Angebotspreis netto	4.185
+ Umsatzsteuer (19 %)	795,15
= Angebotspreis brutto	4.980,15

Beispiel: Angebotskalkulation im Handel

Position	Betrag in EUR
Listenpreis des Herstellers (für ein Produkt)	230
- Rabatt (häufig 20%) beim Einkauf	46
= Zieleinkaufspreis	184
- Skonto 2% beim Einkauf	3,68
= Einkaufspreis des Händlers	180,32
+ Bezugskosten (Versand, Transport)	18
= Bezugspreis	198,32
+ Handlungskosten (z.B. für Einkaufen, Verpacken, Verkaufsverhandlungen, Verwaltung)	69,41
= Selbstkosten	267,73
+ Gewinnaufschlag (häufig 10%)	26,77
= Nettoverkaufspreis	294,50
+ Umsatzsteuer (19%)	55,96
= Verkaufspreis brutto	350,46

Praktische Tipps:

- *Verfolgen Sie in Ihrem Unternehmen, wie sich die Kosten im Verlauf der Zeit entwickeln. Steigen bestimmte Kosten schneller als der Umsatz, liegt der Verdacht nahe, dass es im Unternehmen eine Schwachstelle gibt.*
- *Beschaffen Sie sich Informationen darüber, wie die Kosten in vergleichbaren Unternehmen der Branche sind.*
- *Machen Sie nicht den typischen Anfängerfehler, Ihre Preise unsystematisch „aus dem Bauch" heraus, ohne detaillierte Kalkulation festzulegen.*
- *Überlegen Sie bei hochpreisigen Angeboten überzeugende Argumente für die Hochwertigkeit von Produkt oder Leistung.*

3.3 Controlling

Im Folgenden wird der moderne Begriff „Controlling" näher erläutert, der Aufbau eines systematischen Controlling beschrieben und Controllingmethoden in Kleinstunternehmen aufgezeigt.

Was versteht man unter Controlling?

Controlling dient der Planung, Information, Analyse, Kontrolle und Steuerung des Unternehmens. Es wird vor allem in kleinen und mittleren Unternehmen (KMU) stark vernachlässigt.

Schnell verändernde Marktbedingungen (u.a. Nachfrageveränderungen, neue Konkurrenten) oder interne Faktoren im Unternehmen (z.B. hohe Belastung durch Zinsen und Tilgungen) zwingen Unternehmer dazu, präziser zu planen und heute die Weichen für morgen durch Controlling zu stellen.

Controlling hilft, die Herausforderungen durch Markt- und Wettbewerbsentwicklungen zu bewältigen. Es besteht aus zwei Bereichen:

- Strategisches Controlling
- Operatives Controlling.

Bei **strategischem Controlling** handelt es sich um eine langfristige Unternehmensplanung, in der Sie beschreiben, wie sich Ihr Unternehmen entwickeln soll. Dabei gilt als zentrale Fragestellung, mit welchen Produkten und Leistungen wollen Sie die Bedürfnisse der Kunden besser als Ihre Mitbewerber befriedigen. Ziel einer langfristigen Unternehmensplanung muss in jedem Fall sein, die Existenz des Unternehmens dauerhaft zu sichern.

Mit Hilfe des **operativen Controlling** werden kurzfristige Maßnahmen festgelegt. Diese leiten sich ab aus dem strategischen Controlling und zudem aus einer Analyse abgelaufener Zeiträume. Welche Ergebnisse wurden in der Vergangenheit erreicht und was ist nunmehr zu tun?

Controlling bedient sich verschiedener Instrumente. Im Folgenden werden einige Beispiele aufgezeigt:

● Ein einfaches Instrument ist der Plan-Ist-Vergleich, z.B. monatliche Umsatz- und Kostenpläne. Abweichungen sind ein Signal, um zu reagieren.

● Die ABC-Analyse verweist auf die Wichtigkeit von Aufgaben. A ist sehr wichtig und liegt in der Verantwortung des Unternehmers. B kann delegiert werden oder kann warten. C ist unwichtig. Am Ende eines Tages sollte man alle Aufgaben in die Kategorie ABC einordnen. Man wird bald feststellen, dass dringende Aufgaben nicht immer die wichtigsten sind und A-Aufgaben vernachlässigt werden.

● Die Deckungsbeitragsrechnung ist eine Teilkostenrechnung. Sie zeigt, in welchem Umfang z.B. ein Produkt oder ein Kunde zur Deckung der Kosten beiträgt.

● Die Break-Even-Analyse zeigt, wann Sie in die Gewinn- oder Verlustzone kommen.

● Die Liquiditätsplanung ist ein Plan-Ist-Vergleich der Zahlungseingänge und Zahlungsausgänge.

● Die Kundenanalyse spielt eine wichtige Rolle und sollte in regelmäßigen Abständen durchgeführt werden. Wem wollen Sie was verkaufen? Wie entwickelt sich die Nachfrage? Wie ist das Zahlungsverhalten?

● Die Konkurrenz-Analyse vergleicht und bewertet Ihre Produkte und Leistungen mit denen Ihrer wichtigsten Konkurrenten. Wie ist das Preis-Leistungsverhältnis? Wie sind die Lieferzeiten? Welcher Service wird geboten?

Aufbau eines systematischen Controlling

Es ist sinnvoll auch für Existenzgründer, ein systematisches Controlling mit Hilfe eines externen Beraters (z.B. Steuerberater, Unternehmensberater) einzuführen. Wie bereits erwähnt wird dabei in die Bereiche strategisches und operatives Controlling unterschieden.

Strategisches Controlling bezieht sich inhaltlich auf eine langfristige Markt- und Wettbewerbsbeobachtung, einen Abgleich des Gründungskonzeptes mit der Gründungsrealität und langfristige Unternehmenszielsetzungen.

Operatives Controlling beinhaltet Auftragscontrolling. Hierbei wird der Auftragseingang systematisch erfasst, um frühzeitig Markt- und Kundenveränderungen zu erkennen. Zudem wird Sortimentscontrolling durchgeführt, bei welchem durch eine ABC-Analyse eine Rangordnung für die Produkte erstellt wird, um festzustellen ob Produkte gut „laufen". Das Ressourcen-Controlling kann eine Unterauslastung bzw. Mehrauslastung bei Mitarbeitern und Maschinen aufdecken, um Leerlaufkosten und Arbeitsspitzen abzufedern. Das Risiko-Controlling erfasst und bewertet die zu erwartenden Belastungen aus Gewährleistungen, Rechtsstreitigkeiten und Vertragsstrafen. Funktionales Controlling erfasst und bewertet die Produktivität und Qualität verschiedener Unternehmensfunktionen anhand geeigneter Kennzahlen. Maßnahmen-Controlling übernimmt eine systematische Erfassung und Verfolgung (Termine, Verantwortliche, Ergebnisse) aller vereinbarten Maßnahmen. Das Finanzcontrolling betrachtet die Bilanz, Gewinn- und Verlustrechnung, Finanzierung, Liquiditätsplanung und –steuerung, um Liquidität und Kapitalbasis festzustellen.

Im Controlling stellen **Kennzahlen** ein wichtiges Instrument auch für kleinere Unternehmen dar. Im Folgenden finden Sie einige wichtige Kennzahlen mit Berechnungsbeispielen:

Übersicht: Kennzahlen

Beispiel für Unternehmensdaten:

Abschreibungen	25.000
Eigenkapital	50.000
Forderungen	40.000
Freie Kreditlinie	25.000
Gesamtkapital	200.000
Jahresüberschuss (Gewinn) vor Steuern	90.000
Kurzfristiges Fremdkapital	65.000
Liquide Mittel	11.000
Rückstellungen	10.000
Umsatz	240.000

Kennzahl	Berechnung	Zahlenbeispiel	Ihre Zahlen
Liquiditätsreserve	Liquide (flüssige) Mittel + freie Kredite	11.000 + 25.000 = 36.000	
Liquiditätsgrad	(Liquide Mittel + Kreditlinie + Forderungen) : (kurzfristiges Fremdkapital) x 100%	76.000 : 65.000 x 100 = 117%	
Eigenkapitalquote	Eigenkapital : Gesamtkapital x 100%	50.000 : 200.000 x 100 = 25%	
Cash-Flow	Jahresüberschuss + Abschreibungen - Zuschreibungen + Erhöhung der langfristigen Rückstellungen - Auflösung der langfristigen Rückstellungen	90.000 + 25.000 + 10.000 = 125.000	
Umsatzrendite	Jahresüberschuss vor Steuern : Umsatz x 100%	90.000 : 240.000 x 100 = 37,5%	

Controlling im Kleinstunternehmen

Auch Kleinstunternehmer sollten Controlling betreiben. Viele Kleinunternehmer wenden bereits Controllingmethoden an, ohne dass ihnen dies bewusst ist. Entscheidend für ein erfolgreiches Controlling ist aber, dass die einzelnen Methoden aufeinander abgestimmt sind und bewusst geplant werden.

Das folgende Unternehmensbeispiel bezieht sich auf einen Eisverkäufer, der als Kleinstunternehmer Eis aus einem speziellen Eiswagen verkauft. Er betreibt Controlling im kleinen Maßstab. Es werden den jeweiligen Tätigkeiten des Eisverkäufers entsprechende Controllingmethoden zugeordnet.

Tätigkeiten	Controllingmethoden
Er will 10.000 Einheiten zu 50 Cent verkaufen.	Zielsetzung
Um 2.500 EUR zu verdienen, sucht er einen Lieferanten, der die Einheit zu 25 Cent liefert.	Planungs- und Vorgabefunktion Kostenrechnung Beschaffungsfunktion
Er überlegt sich, dass er die Absatzmenge am besten an einem Strandabschnitt mit einem Jugendfreizeitheim verkaufen kann.	Planung des Absatzweges und des Absatzgebietes
Die Kaufkraft der Jugendlichen reicht nicht aus und er bleibt unter seiner Mindestabsatzmenge.	Soll/Ist-Vergleich Abweichungsanalyse Potenzialüberprüfung
Er erweitert sein Absatzgebiet und seine Abnehmergruppe.	Potentielle Zielgruppenanalyse Korrekturentscheidung
Jeden Abend überprüft er kritisch seine Ergebnisse.	Kontrollfunktion
Wegen der steigenden Absatzmenge überlegt er, einen größeren Wagen zu kaufen und zusätzliche Getränke anzubieten.	Wirtschaftlichkeits- und Investitionsrechnung Diversifikationsüberlegung
Gelegentlich spricht er mit einem befreundeten Eisverkäufer über dessen Geschäfte.	Betriebsvergleich Konkurrenzanalyse

Praktische Tipps:

• *Machen Sie nicht den Fehler, überhaupt kein Controlling bzw. Planung zu betreiben. Führen Sie vor allem eine jeweils aktualisierte Finanzplanung durch.*

• *Auch wenn Ihr Unternehmen erfolgreich ist, vernachlässigen Sie dennoch nicht den kritischen Vergleich zwischen Aufwand und Ertrag.*

• *Fixieren Sie Controllinginformationen schriftlich. Dies ergibt ein schärferes Unternehmensbild.*

• *Controlling ist Chefsache. Nicht selten delegieren Unternehmer aber die ungeliebten Aufgaben der Kostenrechnung und Finanzplanung komplett an Mitarbeiter und verlieren so den Überblick über die Finanzsituation ihres Unternehmens.*

4. Erfolgsfaktoren für Gründer

„Erfolg ist der Sieg der Einfälle
über die Zufälle."
Harald Kremser

Auf der Basis der bisherigen Kapitel „Welche Voraussetzungen brauche ich?", „Weg in die Selbstständigkeit" und „Rechnungswesen" kann eine Strategie für ein neues Unternehmen – insbesondere ein Kleinunternehmen – entwickelt werden. Diese Strategie sollte auch mit äußeren (z.b. Konjunktur) und inneren (z.b. Selbstmanagement des Gründers) Erfolgsfaktoren abgestimmt werden. Zudem sollten gezieltes Forderungsmanagement sowie Krisenmanagement für einen dauerhaft gesicherten Erfolg einbezogen werden.

Äußere Erfolgsfaktoren

Selbst beste Geschäftsideen benötigen ein gründerfreundliches Umfeld, um zu gedeihen. Ein wichtiger Faktor ist der Verlauf der generellen Konjunktur – Phasen mit rückläufiger Binnennachfrage und schwachem Wirtschaftswachstum sind eine schlechte Basis für den Unternehmensstart.

Im Folgenden finden Sie die Daten zum Bruttoinlandsprodukt in Deutschland in den letzten Jahren:

Übersicht: Bruttoinlandsprodukt 2001 – 2005

Bruttoinlandsprodukt im Jahr	Veränderungen in Prozent gegenüber dem Vorjahr
2001	0,8
2002	0,1
2003	- 0,1
2004	1,7
2005	0,9

(Quelle: Statistisches Bundesamt)

Notwendig ist auch eine möglichst umfangreiche Analyse der betreffenden Branche, in der die Existenzgründung erfolgen soll. Aufgrund harten Verdrängungswettbewerbs und sich schnell wandelnder Trends im Konsumverhalten haben vor allem neue Betriebe in Gastronomie und Einzelhandel besonders häufig mit Anlaufschwierigkeiten zu kämpfen.

Jeder Gründer sollte möglichst viel über diese äußeren Einflussfaktoren wissen. Informationsquellen sind Banken, Internet, IHK, Statistische Landesämter, Wirtschaftsverbände, Meinungsforschungsinstitute, Fachliteratur und Fachzeitschriften. Konzerne treffen Investitionsentscheidungen in der Regel auf der Basis verlässlicher Statistiken, in kleinen Betrieben entscheidet der Chef aus dem Bauch heraus – beide Wege können zum Erfolg führen, gleichwohl ist der erste fraglos der bessere.

Selbstmanagement des Gründers

Als innerer Erfolgsfaktor gilt das Selbstmanagement des Gründers. Wie Existenzgründer Stress und Hektik dauerhaft besiegen, verraten die folgenden 16 Tipps[17]:

1. Stets schriftlich planen

Schriftliche Planung entlastet Ihr Gehirn und verschafft Ihnen Freiraum für kreative Gedanken. Die schriftliche Formulierung Ihrer Ziele und Pläne programmiert Ihr Unterbewusstsein bereits auf die Realisierung.

2. Ist-Zustand analysieren

Ohne Diagnose keine Therapie. Beschreiben Sie konkret Ihren (beruflichen und privaten) Ist-Zustand. Was stört Sie an der Ist-Situation? Lassen Sie sich häufig vom Alltagsgeschäft auffressen? Wie kommt es dazu? Was wollen oder müssen Sie schnellstens verändern? Warum haben Sie bisher nichts verändert?

---

[17] vgl. Jansen, M.: Fünf vor Zwölf; in: Gründerzeit, Sonderheft 01/2004. S. 42 f.

3. Langfristige Ziele definieren

Schreiben Sie auf, was Sie persönlich erreichen wollen und wo Ihr junges Unternehmen eines Tages stehen soll. Blicken Sie fünf, zehn oder noch mehr Jahre nach vorne. Seien Sie dabei mutig, optimistisch und visionär. Wenn Sie hochfliegende Visionen entwickeln, gibt Ihnen dies Mut, Wille und Leistungsvertrauen für den künftigen unternehmerischen Erfolg.

4. Ziele auf die Zeit verteilen

Ihr Lebensziel können Sie nur erreichen, wenn Sie sich Etappenziele stecken. Leiten Sie zunächst aus Ihrem übergeordneten Ziel Etappenziele ab. Was wollen Sie in den nächsten fünf bis sieben Jahren erreichen?

5. Jahreszielplan aufstellen

Das aktuelle Geschäft steuert Ihren Jahreszielplan. Verteilen Sie zunächst Ihre Ziele und Aufgaben möglichst ausgewogen auf die nächsten zwölf Monate. Berücksichtigen Sie dabei auch saisonale Schwankungen im Geschäftsverlauf, Ferienzeiten oder besondere Ereignisse.

6. Monatspläne erstellen

Nehmen Sie sich die Liste mit Ihren Jahreszielen monatlich vor, jeweils an einem festen Tag im Monat. Prüfen Sie, welche dieser Einzelziele Sie im nächsten Monat angehen und erreichen werden, welche Aufgaben Sie erledigen müssen. Vergessen Sie Ihre ganz persönlichen Ziele nicht.

7. Psyche überlisten

Lockende Ziele beflügeln und setzen innere Kräfte frei. Formulieren Sie deshalb jedes Ziel so, als ob Sie es schon erreicht hätten. Machen Sie ein Zielfoto in Worten. „Ich schließe zum ersten Mal meinen eigenen Laden auf und schon ruft ein Kunde an."

8. Wege zum Ziel finden

Listen Sie alle Mittel und Maßnahmen lückenlos auf. Wen oder was brauche ich, um mein Ziel zu erreichen? Was muss ich dazu tun? Was könnte passieren? Welche Kosten entstehen, welche Mittel habe ich? Wie viel Zeit benötige ich, wie viel Zeit habe ich?

9. Terminkalender führen

Gliedern Sie alle Aktivitäten und Termine in so kleine Einzelschritte auf, dass sie in das Raster Ihres Planers oder Terminkalenders passen. So kommen Sie Ihren Zielen jeden Tag ein Stückchen näher.

10. Auch an sich denken

Schreiben Sie in Ihre Tagespläne nicht nur, welche Termine Sie wann wahrnehmen müssen, sondern auch, was Sie privat an diesem Tag erledigen wollen. Versuchen Sie jeden Tag, eine Stunde für sich selber freizuschlagen.

11. Routine einkalkulieren

Die täglichen (wöchentlichen, monatlichen) Fix-Termine (Frühstück, Anfahrt, Mittagspause) und Tätigkeiten (Teamsitzung, Kundenkontakt, Mitarbeitergespräche) schränken Ihre Zeit bereits stark ein. Bürden Sie sich nicht mehr auf, als der Arbeitstag hergibt.

12. Zeitreserven lassen

Planen Sie Termine und Zeit realistisch. Lassen Sie ausreichend Luft für Unvorhergesehenes. Verplanen Sie maximal 60 Prozent Ihrer Zeit.

13. Prioritäten setzen

Oberste Priorität erhält, was Sie Ihren Zielen deutlich näher bringt. Jeweils am Abend vorher sollten Sie Ihre Aufgaben schriftlich strukturieren. Drei Verfahren helfen dabei:

- Arbeiten nummerieren. Das Wichtigste muss zuerst getan werden.
- Alle Tätigkeiten in zeitliche Kategorien teilen: 1. Unbedingt heute erledigen. 2. Sollte ich heute erledigen, geht aber auch morgen. 3. Kann ich notfalls verschieben oder delegieren.
- Aufgaben zu Arbeitsblöcken zusammenfassen und sukzessive erledigen z.B. Telefongespräche, Kundenkontakte, Mitarbeiterkontakte, Korrespondenz.

14. Das Schwierigste zuerst

Wenn Sie den größten Brocken gleich morgens wegschaffen, nehmen Sie sich eine Last von der Seele. Danach die „Einserprioritäten" vornehmen.

15. Pläne in die Tat umsetzen

Gehen Sie konsequent nach Ihrem Aktivitäten- und Zeitplan vor. Vergleichen Sie permanent Ist-Zustand und Ziel. Wie nahe sind Sie Ihrem Ziel bereits gekommen? Müssen Sie Ihre Planungen eventuell ändern?

16. Plan nachbereiten

Lassen Sie den abgelaufenen Tag Revue passieren. Sie werden feststellen, dass über 90 Prozent aller Tage zu Ihrer Zufriedenheit verlaufen, wenn Sie richtig geplant haben.

Auch für Kleingründer empfehlen sich diese Tipps für ein besseres Selbst- und Zeitmanagement. Sie erreichen eine effektivere Arbeitsweise und entsprechenden Erfolg für Ihr Unternehmen.

Forderungsmanagement

Gezieltes Forderungsmanagement gilt als ein Erfolgsfaktor für junge Unternehmen, insbesondere für Kleingründungen. Forderungen sind die Ansprüche der Unternehmen auf Zahlung des Kaufpreises gegenüber dem Kunden.

Viele Unternehmen räumen Ihren Kunden Zahlungsziele (z.B. 30 Tage) ein und werden damit zum Kreditgeber für diejenigen, die ihre Waren und Leistungen abnehmen (Lieferantenkredit). Jedoch verhalten sich die Unternehmen häufig nicht wie professionelle Kreditgeber. Im Folgenden finden Sie Hinweise für ein erfolgreiches Forderungsmanagement:

- Kreditprüfung ist die beste Vorsorge gegen Forderungsausfälle
  Prüfen Sie die Bonität Ihrer Kunden, denen Sie Zahlungsziele einräumen möchten, vor Abschluss von Lieferverträgen. Greifen Sie dabei auf alle verfügbaren Informationen zurück, die eine Bewertung der Kundenbonität erlauben. Kunden mit unzureichender Bonität sollten Sie keinen Kredit einräumen. Bonitätsauskünfte sind schon für etwa 20 EUR zu erhalten.

- Sorgfältige Einräumung von Zahlungszielen
  Verkaufen Sie Ihre Leistung nicht über großzügige oder branchenunübliche Zahlungsziele. Bieten Sie den Kunden vielmehr Anreize, möglichst rasch zu zahlen (Skonto z.B. 2 Prozent oder 3 Prozent). Bei größeren Kreditbeträgen sollten Sie Sicherheiten einfordern (z.B. Bankbürgschaften). Kalkulieren Sie in jedem Fall Ihre eigenen Kosten, die Ihnen durch den Lieferantenkredit entstehen, in den Angebotspreis ein.

- Zügige Rechnungsstellung
  Wenn Sie Ihre vereinbarten Leistungen erbracht haben, zögern Sie nicht damit, unverzüglich Ihre Forderung in Rechnung zu stellen. Achten Sie dabei auf korrekte und vollständige Aufzählung Ihrer erbrachten Leistungen und stellen Sie sicher, dass die jeweils vereinbarten Preise in Rechnung gestellt werden. Jede Ungenauigkeit, jeder Fehler in Ihrer Rechnung kann von dem Kunden dazu genutzt werden, die Zahlung hinauszuschieben oder zu verweigern.

- Überwachung der Zahlungseingänge
  Stellen Sie sicher, dass Zahlungstermine und Zahlungsbeträge in Ihrem Rechnungswesen genauestens überwacht werden. Ihr Kunde erwartet von Ihnen pünktliche Lieferung. Verlangen Sie von Ihrem Kunden daher auch die Einhaltung der vereinbarten Zahlungsziele.

- Organisation des Mahnwesens
  Das Gesetz zur Beschleunigung fälliger Zahlungen sieht vor, dass Schuldner auch ohne Mahnung bereits 30 Tage nach Rechnungserhalt in Verzug geraten. Um Ihren Zahlungsanspruch zu realisieren, sollten Sie Ihren Kunden dennoch an den Ausgleich Ihrer fälligen Rechnung erinnern. Bevor Sie Ihrem Kunden die erste Mahnung schicken, sollten Sie intern prüfen, ob Sie Ihre Leistung wie vereinbart erbracht haben. Ist die Lieferung vollständig erfolgt? Liegen berechtigte Reklamationen vor? Wann ist die korrekte Rechnung an den Kunden verschickt worden? Liegen Buchungsfehler vor? Welches Zahlungsziel wurde eingeräumt?

- Planung der Ein- und Auszahlungen
  Bedenken Sie, dass säumige Zahler Ihre Existenz gefährden können. Planen Sie daher Ihre Finanzen sorgfältig. Berücksichtigen Sie bei Ihrer Liquiditätsplanung die Zahlungen aus Kundenforderungen nicht zu optimistisch. Ermitteln Sie daher die durchschnittliche Zahlungsfrist Ihrer eigenen Forderungen und berücksichtigen Sie diese bei Ihrer Finanzplanung.

- Finanzierung der Forderungen
  Sprechen Sie frühzeitig mit Ihrer Hausbank über die Finanzierung möglicher Außenstände und warten Sie nicht damit, bis Sie selbst aufgrund der hohen Forderungsbestände Ihre verfügbare Kreditlinie vollständig ausgeschöpft haben. Es wird Ihnen schwer fallen, erweiterte Kreditlinien zu erhalten, wenn Sie nicht liquide sind.

- Externe Hilfestellung beim Forderungseinzug
  Wenn Ihre Mahnungen nicht zum gewünschten Erfolg führen, zögern Sie nicht, externe Hilfe in Anspruch zu nehmen. Drohen Sie dies ggf. in einer dritten schriftlichen Mahnung an. Zahlt der Kunde auch dann nicht, beauftragen Sie ein professionelles Inkassoinstitut mit der Reali-

sierung Ihrer Forderung. Je länger Sie mit diesem Schritt warten, desto unwahrscheinlicher wird es, dass Sie Ihr Geld bekommen.

Übersicht: Forderungsverluste[18] mittelständischer Unternehmen

Prozent des Umsatzes	Prozent befragter Unternehmen
Bis 0,1 % des Umsatzes	23,7 %
Bis 0,5 % des Umsatzes	21,4 %
Bis 1 % des Umsatzes	19,4 %
Über 1 % des Umsatzes	20,7 %
Keine Umsatzverluste	13,3 %

Kontaktadressen:
- Bundesverband Deutscher Inkassounternemen e.V.
  Brennerstr. 76
  20099 Hamburg
- Verband der Vereine Creditreform e.V.
  Hellersbergstr. 12
  41460 Neuss

Krisenmanagement

Wenn man einen dauerhaften Erfolg für sein eigenes Unternehmen anstrebt, ist auch ein fundiertes Krisenmanagement von Bedeutung – für Zeiten, in denen es schlechter läuft. Denn jeder – wirklich jeder Unternehmer – macht Fehler.

Die Gründe für Unternehmenskrisen liegen fast immer in Fehlern der Unternehmensführung. Gemeint sind beispielsweise Mängel in Planung und Marktinformation, ungenügende Berücksichtigung der Marktentwicklungen und Fehler bei der Gestaltung des Produkt- bzw. Dienstleistungsprogramms. Hinzu kommen Fehlentscheidungen bei der Standortwahl, mangelhafte finanzielle Ausstattung (zu wenig Eigenkapital) und mangelhaftes Kreditmanagement (z.B. Lieferantenkredite).

---

[18] vgl. Creditreform

In diesem Zusammenhang ist für die Früherkennung[19] von Unternehmenskrisen die so genannte „Früherkennungstreppe" nützlich. Sie stellt in 9 Stufen die wichtigsten Fragen dar, die man sich als junger Unternehmer stellen sollte:

Übersicht: Früherkennungstreppe

Stufe	Thema	Fragestellung
9	Ideenvorrat	Haben Sie neue Geschäftsideen?
8	Innovation	Haben Sie neue Produkte und/oder Dienstleistungen?
7	Kunden	Haben Sie genug neue Kunden gewonnen?
6	Betriebsergebnis	Ist Ihr Betriebsergebnis (Betriebsgewinn) wirklich gut?
5	Umsatz	Steigt Ihr Umsatz?
4	Kosten	Haben Sie Ihre Kosten im Griff?
3	Liquidität	Reichen Ihre flüssigen Mittel aus?
2	Kreditfähigkeit	Gibt Ihnen die Bank noch Geld?
1	Insolvenz	Vermeiden Sie erfolgreich die Pleite?

Was kann man tun bei Unternehmenskrisen? Grundsätzlich gibt es zwei Möglichkeiten, der Krise zu begegnen:

- Mit einer frühzeitigen Kurskorrektur
- Mit einer radikalen Sanierung.

Sofortmaßnahmen im Krisenfall bestehen dementsprechend darin, eine externe Beratung (z.B. Steuerberater, Unternehmensberater, IHK, HWK) hinzuzuziehen und Kontakt zur Bank aufzunehmen. Es sollten die Krisenursachen ermittelt werden und kurz-, mittel- und langfristige Gegenmaßnahmen entwickelt werden. Dabei müssen die Sanierungskosten kalkuliert werden und der Sanierungsplan mit der Bank besprochen werden.

---

[19] vgl. Bundesministerium für Wirtschaft und Technologie

Um jedoch Unternehmenskrisen gar nicht erst aufkommen zu lassen, sollten neue Unternehmen – insbesondere auch Kleinunternehmen - die folgenden Mindestgrundsätze beachten:

• Verschaffen Sie sich aktuelle Informationen zu Ihrem Markt.

• Sorgen Sie für eine sorgfältige Unternehmensplanung und deren Umsetzung (Controlling).

• Organisieren Sie eine zeitnahe und aussagekräftige Buchhaltung.

> Kontaktadressen:
> Bundesverband Deutscher Unternehmensberater e.V.
> Zitelmannstr. 22
> 53113 Bonn
> KfW Mittelstandsbank
> Kronenstr. 1
> 10117 Berlin

Resümee

Im Folgenden werden zusammenfassend die zehn wichtigsten Erfolgsfaktoren für Existenzgründer dargestellt, so wie sie von IHKs/HWKs gesehen werden:

1. Der unbedingte Wille zum Erfolg
Sie sind bereit 50 oder 60 Stunden pro Woche zu arbeiten und zunächst auf Freizeit und Urlaub zu verzichten. Das gelingt nur, wenn auch die Familie hinter dem Vorhaben steht.

2. Gefestigtes Selbstvertrauen
Nur wer an sich glaubt, setzt sich auch durch. Dazu gehören Optimismus, Weitblick und der Glaube an die Zukunft. Sie stellen sich deshalb allen Herausforderungen und den ständigen Veränderungen Ihres Umfeldes.

3. Erfolgsversprechende Geschäftsidee
Ihre Geschäftsidee muss eigene Stärken und Schwächen sowie die Markt- und Konkurrenzsituation berücksichtigen. Entscheidend ist die Orientierung an den Kundenwünschen.

4. Gründungs- bzw. Unternehmenskonzept

Das Gründungs- bzw. Unternehmenskonzept zeigt bereits im Vorfeld, wo Stärken und Schwächen der geplanten Existenzgründung liegen. Erfolgreiche Existenzgründer passen diese Planungen laufend an die neueste Entwicklung an und erkennen somit frühzeitig auftauchende Probleme. Sie können damit rechtzeitig gegensteuern und entsprechende Maßnahmen treffen.

5. Finanz- und Liquiditätsplanung

Die Einnahmen und Ausgaben des Unternehmens müssen sorgfältig geplant und permanent überwacht werden. Berücksichtigen Sie eine entsprechende Anlaufphase, damit Sie auf finanzielle Engpässe schnell reagieren können.

6. Marketing

Sie kennen Ihren Markt, die Konkurrenz und die Wünsche Ihrer Kunden. Sie haben eine klare Preispolitik und wissen, wie Sie das Interesse Ihrer Kunden wecken können.

7. Erkennen von Marktlücken

Auch in traditionellen und gesättigten Märkten können Marktnischen aufgespürt werden. Freundlicher Umgang mit Kunden, gute Beratung und ein umfangreiches Serviceangebot sind letztlich auch Marktnischen und Erfolgsfaktoren für viele Existenzgründer.

8. Kooperationen

Niemand ist auf allen Gebieten Spitze und kann alles gleichzeitig machen. Die Zusammenarbeit mit Betrieben der gleichen Branche oder mit Betrieben, die Ihr eigenes Leistungsangebot sinnvoll ergänzen, entspricht den heutigen Wünschen von Kunden, „alles aus einer Hand" zu bekommen.

9. Personal

Kein Betrieb kann erfolgreich arbeiten, wenn die Mitarbeiter nicht mitziehen. Regelmäßige Informationen an die Mitarbeiter, Delegation von Aufgaben und eine an der Leistung orientierte Bezahlung sind deshalb wichtige Erfolgsfaktoren.

10. Beratung

Erfolgreiche Existenzgründer nutzen Erfahrungen und Wissen von externen Beratern. IHKs und HWKs bieten Ihnen ein umfangreiches Dienstleistungsangebot. Für einen größeren Beratungsumfang stehen zahlreiche freiberufliche Unternehmensberater zur Verfügung.

Weiterhin sind diejenigen erfolgreich, deren Berufserfahrungen auch von externen Sachverständigen als hilfreich eingeschätzt werden und die sich mit möglichst viel Startkapital selbstständig machen.

5. Unternehmerpersönlichkeiten – von den Besten lernen

„Alles Gelingen hat sein Geheimnis,
alles Misslingen seine Gründe."
Joachim Kaiser, deutscher Kritiker

Existenzgründer brauchen erfolgreiche Unternehmerpersönlichkeiten, um sich an ihnen zu orientieren, ihnen nachzueifern und sie als Vorbilder anzunehmen. Vorgestellt werden historische Beispiele (z.b. Jakob Fugger) und moderne Beispiele (z.b. Bill Gates) mit ihren Lebensgeschichten, ihren Strategien und unternehmerischen Visionen.

5.1 Historische Beispiele

Jakob Fugger (geb.1459 – gest.1525)

Welche Persönlichkeit zeichnete Jakob Fugger aus? Er war eine selbstbewusste Persönlichkeit des damals aufstrebenden Bürgertums. Er war kühl berechnend und sachlich, was seine Arbeit betraf. Bemerkenswert war sein Organisationstalent und er schreckte vor keinem Trick zurück, um seine Vorhaben und Ziele zu erreichen. Er wird in seiner Art als eher bäuerisch beschrieben, jedoch besaß er eine hohe Selbstdisziplin.

Jakob Fugger ließ sich selten von Emotionen leiten außer in seiner Einstellung zum Glauben. Obwohl er selbst genau wusste wie fragwürdig die Praktiken der katholischen Kirche waren, war er selbst sehr fromm. Er kaufte eine große Menge Ablassbriefe für sich und seine Frau. Auch sorgte er dafür, dass nach seinem Tod in der Messe für ihn gebetet und gesungen wurde.

Er interessierte sich für den technischen Fortschritt, hatte jedoch, im Gegensatz zu seiner Frau Sybille, wenig für künstlerische und kulturelle Neuerungen übrig. In seiner politischen Einstellung unterstützte er stets die Habsburger Monarchie, obwohl er wissen musste, wie kaputt und verschuldet deren Staatswesen war. Schließlich war er der größte Gläubiger der Habsburger. Mit seinem Geld finanzierte er die Wahl Karls V. zum Kaiser.

Welche Lebensgeschichte hatte Jakob Fugger? Er wurde, geboren am 06.03.1459 in Augsburg, in einem Kloster erzogen und hatte bereits die niederen Weihen eines Kanonikus erhalten, als sein Bruder Ulrich, das Familienoberhaupt, sich durch den Tod von vier seiner Brüder gezwungen sah, Jakob ins Geschäft zu holen. Jakob trat mit 19 Jahren in die Firma ein, die von den Brüdern Ulrich, Georg und Jakob nun gemeinsam geleitet wurde.

Sein erstes Geschäftsjahr verbrachte Jakob in Italien, das mit den Zentren Rom, Florenz und Venedig als führend in der damaligen Geschäftswelt galt. Besonders im „Fondacio die tedeci", dem Handelshof der Deutschen in Venedig, lernte Jakob ein neuartiges System der Buchführung und die subtile Art der Handelsbeziehungen zwischen Fürstenhäusern, Kirche und Kaufmannschaft kennen.

Der Ausbau der Firma „Jakob Fugger & Söhne" stellte das Lebenswerk des Jakob Fugger dar und ist sein besonderer Verdienst. Nach dem Salzburger Silberbergbau – Erzhandel und Bergbaugeschäft waren damals die Wachstumsbranchen - verschaffte sich Jakob Fugger die Rechte auf die Ausbeutung des Tiroler Silbers. Er weitete seine Geschäfte nach Ungarn aus. Das Land verfügte über reiche Kupfervorkommen und Jakob Fugger verschaffte sich über Strohmänner die Abbaurechte. Fugger gründete die Firma „Gemeinsamer Ungarischer Handel" und beutete die Kupfervorkommen Ungarns mit neuen Techniken schneller und effektiver aus als dies zuvor der Fall war. Er erreichte eine Vormachtstellung auf dem internationalen Metallmarkt.

Ein weiteres Tätigkeitsfeld der Firma Fugger waren Geschäfte mit der katholischen Kirche. Die Firma bot reichen Kirchenmännern eine Möglichkeit ihr Geld diskret anzulegen, indem sie es gegen Zinsen in das Unternehmen investierten. Gleichzeitig stellten die Fugger der Kirche Kredite zur Verfügung, handelten mit freiwerdenden Kirchenämtern (Pfründen) und sorgten für die Überweisung der Kirchengelder aus Nordeuropa nach Rom. Der Ablasshandel wurde auch ein Geschäft für die Firma Fugger. Mit der Vergebung von Sünden gegen Geld und der Angst der Gläubigen vor dem Fegefeuer der Hölle wurde viel Geld verdient.

Wegen seines Reichtums hatte Jakob Fugger einen schlechten Ruf bei der Augsburger Bevölkerung. Um dies zu ändern, beschloss er 1516 den Bau der „Fuggerei", der ersten Sozialsiedlung der neueren Geschichte. In ihr durften Augsburger Tagelöhner und Handwerker oder andere Arme, die als rechtschaffen und fleißig galten, für einen Rheinischen Gulden Jahresmiete wohnen. Es wurden 106 Dreizimmerwohnungen in 53 Reihenhäusern gebaut. Jakob Fugger soll an den Plänen selbst mitgearbeitet haben. Die Verträge gelten heute noch und die Jahresmiete beträgt heute 0,86 EUR.

Welche Erfolgsfaktoren spielten bei Jakob Fugger mit? Wichtig für den Erfolg der fuggerischen Firma war das schnelle und ausgeklügelte Informationssystem. Jakob Fugger erhielt durch seine Faktoreien, die europaweit ausgebaut waren, wichtige Informationen schneller als der König oder andere wichtige Persönlichkeiten und Geschäftsleute. So konnte er als erster auf Veränderungen reagieren und neue Pläne für seine Geschäfte schmieden. Am Ende wurden regelmäßig gedruckte Depeschen weitergeleitet, die so genannten Fuggerzeitungen. Die Macht des Fuggerkonzerns und der fuggerischen Handelswege waren so weit verbreitet, dass es für die damalige Zeit wie ein Imperium wirkte, das von der „goldenen Schreibstube" in Augsburg regiert wurde. Wie ein Netz überspannten die Faktoreien ganz Europa und machten den Einflussbereich der Fugger deutlich.

Alfred Krupp (geb. 1812 – gest. 1887)

Was zeichnete Alfred Krupp aus? Er war Industrieller und Erfinder und baute die von seinem Vater Friedrich Krupp gegründete Kruppsche Gusstahlfabrik, die heute in der ThyssenKrupp AG aufgegangen ist, seiner Zeit zum größten Industrieunternehmen Europas aus. Dies bewerkstelligte er zunächst mit der Herstellung nahtloser Radreifen, die beim Ausbau des Eisenbahnwesens reißenden Absatz fanden, später jedoch vor allem mit Rüstungsaufträgen. Alfred Krupp war der größte Waffenproduzent seiner Zeit, was ihm den Beinamen „der Kanonenkönig" einbrachte.

Welche Lebensgeschichte hatte Alfred Krupp? Er wird 1812 als Sohn von Friedrich Krupp und seiner Frau Theresia Helena Johanna Wilhelmi in Essen geboren. Seinem Vater war es zeitlebens nicht gelungen, die von ihm gegründete Gustahlfabrik auf eine gesunde Wirtschaftsbasis zu stellen. Er stirbt 1826, als Alfred Krupp 14 Jahre ist. Der Betrieb, mit 10.000 Talern verschuldet, geht an Friedrichs Frau Therese über, der Sohn Alfred übernimmt aber sofort die de-facto-Leitung, wenngleich zunächst offiziell „auf Rechnung der Mutter". Die Firma dümpelt zunächst weiterhin jahrelang mit wenigen Mitarbeitern vor sich hin. Ab etwa 1830 ändert sich die Situation.

Zunehmend entwickelte sich in Deutschland das Eisenbahnwesen und damit einher ging ein gestiegener Bedarf an Gusstahl, der einerseits zur Schienenherstellung, andererseits für die Achsen benötigt wird. Krupp liefert zum ersten Mal Walzen aus Gusstahl an die Firma Hüseken in Limburg.

1838 meldet Krupp ein Patent für Löffel und Gabeln aus Gusstahl an. Er bereist in den folgenden Jahren ganz Europa, immer auf der Suche nach Kunden, um das Geschäft am Leben zu erhalten. Die Firma expandiert zwar, bleibt jedoch ständig in Gefahr, Bankrott zu gehen.

1847 wird die erste Kruppsche Gusstahlkanone hergestellt und dem preußischen Kriegsministerium zur Ansicht gegeben. Diese wird direkt ins Arsenal gegeben und erst nach zwei Jahren ausprobiert. Die Resultate sind hervorragend, das Ministerium sieht aber keinen Grund solche Kanonen zu bestellen und so verkauft der spätere Kanonenkönig weiterhin Löffel.

Der endgültige Durchbruch gelingt Alfred Krupp mit der Erfindung des nahtlosen Radreifens 1852. Für Jahrzehnte sind dann Eisenbahnreifen sein Hauptprodukt. Die USA nutzen fast ausschließlich Kruppsche Radreifen. Das Symbol der Firma Krupp ist deswegen auch keineswegs eine Kanone, sondern drei versetzt aufeinander liegende Radreifen. Die Firma wächst in den 1850er Jahren auf 1.000 Arbeiter an.

Im April 1860 verkaufte Alfred Krupp die ersten Stahlkanonen. Preußen ordert 312 Sechspfünder. Im selben Jahr entwickelte er die Hinterlader-Kanone. Sehr schnell wachsen nun Waffenverkäufe und die Firma verkauft Kanonen an alle europäischen Großmächte mit Ausnahme Frankreichs. Möglich ist dieses Wachstum durch die Einführung neuer innovativer Produktionstechniken wie z.B. des Bessemer-Verfahrens.

In den 1880er Jahren wird die Konkurrenz der amerikanischen Stahlindustrie drückend. Krupp verliert den amerikanischen Markt und damit sein Hauptabsatzgebiet für Radreifen. Fortan konzentriert er sich weiter auf Rüstungsproduktion und Entwicklung. Dasselbe gilt für seine beiden größten Konkurrenten, den Franzosen Schneider und den Engländer Armstrong. Die drei zusammen treiben die europäische Rüstungsspirale an, die ihren Höhepunkt im ersten Weltkrieg finden sollte.

Was waren Erfolgsfaktoren für Alfred Krupp? Er war in jedem Fall ein ungewöhnlicher Mensch. Auf der einen Seite ein Workaholic, auf der anderen Seite war er ein Hypochonder ersten Ranges, der nach Rückschlägen Wochen daniederliegen konnte. Er hatte ein großes Bedürfnis sich mitzuteilen und schrieb im Laufe seines Lebens mehrere tausend Briefe, manchmal derselben Person mehrere pro Tag und verfasste eine Unzahl von Memos an seine Arbeiter. Um seine Mitarbeiter kümmerte er sich Zeit seines Lebens. So führte er eine Krankenversicherung ein und lässt Werkswohnungen bauen. Im Gegenzug verlangt er Loyalität und Identifikation mit der Firma.

Heinrich Nestle (geb.1814 – gest.1890)

Was zeichnete Heinrich Nestle aus? Er war ein Pionierunternehmer und gründete den größten Nahrungsmittelkonzern der Welt. Zur Firma Nestle gehören 511 Fabriken mit mehr als 250.000 Mitarbeitern. Der Sitz des internationalen Unternehmens befindet sich in der Schweiz, in Vevey am Genfersee. Nestle stellt neben pharmazeutischen und kosmetischen Produkten alles her, was Mensch und Tier ernährt. Zu den Nestle-Marken zählen Maggi, Alete, Perrier, KitKat, Herta-Wurst, Nescafe, Schöller-Eis, Tiernahrung wie Friskis, Babypflegemittel wie Bübchen und Milchprodukte wie Milchmädchen.

Welche Lebensgeschichte hatte Heinrich Nestle? Er wird am 10.08.1814 in Frankfurt am Main geboren. Sein Familienname stammt aus dem Schwäbischen und bedeutet „kleines Nest". Das Familienwappen wird später zum Firmenlogo. Bereits als Schüler interessierte sich der Sohn eines Glasers und Geschirrhändlers für Naturwissenschaften. Er absolviert eine Apothekerlehre und lässt sich nach den üblichen Wanderjahren in der Schweiz, in Vevey, nieder.

Dort arbeitete er ab 1839 als selbstständiger Unternehmer und passte die Schreibweise seines Namens der französischen Aussprache an. In seinem Labor stellte er Kunstdünger, Likör, Essig, Zement, Senfpulver und Mineralwasser her. Nur das Geschäft läuft eher schlecht als recht. Er entwickelte ein Flüssiggas, das die Stadt Vevey ab 1858 für ihre Straßenlampen verwendet.

Doch der Durchbruch kommt erst 1867. Im Alter von 53 Jahren erfindet Nestle das so genannte Kindermehl aus den Hauptbestandteilen Milch, Zucker und Brot. Einem Säugling, der die Muttermilch nicht verträgt, kann damit das Leben gerettet werden. Schon ein Jahr später kommen Bestellungen aus Frankfurt, London und Paris. Ende 1669 liegt die Tagesproduktion für Kindermehl bei einer halben Tonne.

Auf der Weltausstellung 1872 in Paris erhält sein Produkt die erste goldene Medaille. Drei Jahre später verkauft Nestle im Alter von 61 Jahren sein Unternehmen für eine Million Schweizer Franken an drei Bekannte, die daraus eine Aktiengesellschaft machten. Zusammen mit seiner Frau genießt Nestle in Montreux die letzten Jahre seines Lebens. Dort stirbt er im Jahr 1890.

Werner von Siemens (geb.1816 – gest.1892)

Was zeichnete Werner von Siemens aus? Er war einer der großen Erfinder, baute eine Firma auf und schuf nicht nur den Begriff „Elektrotechnik", sondern bestimmte auch entscheidend das, was man unter diesem Wort bald verstand. Das Original seiner Dynamomaschine entwarf und setzte er 1866 zusammen. Mit Hilfe von Drahtwindungen und weichem Eisen war es Siemens gelungen, Kraft – z.B. menschliche Arbeitskraft oder Wasserkraft – in elektrischen Strom umzuwandeln und umgekehrt elektrischen Strom in Arbeitsleistung umzusetzen.

Welche Lebensgeschichte hatte Werner von Siemens? Er wurde 1816 in der Nähe von Hannover als das viertälteste von vierzehn Kindern geboren. Nachdem er ein Gymnasium in Lübeck besucht hatte, wollte er Ingenieur werden. Da die Eltern diese Ausbildung nicht bezahlen konnten, bewarb Werner sich um Aufnahme in die Armee als Offiziersanwärter. Nach einer gut bestandenen Prüfung wurde er Soldat. Wie glücklich war er, als er für eine dreijährige Ausbildung in die Artillerie- und Ingenieurschule nach Berlin kommandiert wurde. Jede verfügbare Freizeit verwendete der junge Soldat, um sich auch außerhalb des Dienstes mit Physik, Chemie und Technik zu beschäftigen.

Nach Ablauf von drei Jahren erhielt er den ersten Heimaturlaub. Aber da sah er Vater und Mutter zum letzten Mal, sie starben bald darauf. Werner hatte versprochen für die jüngeren Geschwister zu sorgen. Um die Geschwister zu versorgen, wurde er im Nebenberuf Erfinder. Auf ganz praktische Dinge richtete er seine Gedanken, denn es musste ja Geld beschafft werden. So entstanden eine Kunststeinpresse, ein Dampfmaschinenregler und ein neues Druckverfahren. Als er eine Methode für galvanische Vergoldung und Versilberung erfand, verkaufte sie sein Bruder Wilhelm nach England.

Im Jahre 1847 wurde dann die Firma „Telegraphenbau-Anstalt von Siemens und Halske" gegründet, dabei blieb Siemens im Hauptberuf noch Offizier. Bald kamen die ersten Aufträge für die Firma. Sie legte die Telegrafenleitung Berlin – Frankfurt. Als hier die Nationalversammlung den preußischen König zum deutschen Erbkaiser wählte, war dies durch die Telegraphenleitung in derselben Stunde noch in Berlin bekannt. Die Leute staunten und Werner Siemens war der Held des Tages mit dieser ersten Telegrafenleitung Europas. Es regnete jetzt Aufträge, zuerst in Deutschland, dann in Russland. Dorthin war der jüngere Bruder Carl gegangen. Werner Siemens lies sich nun nach 15 Jahren militärischer Dienstzeit beurlauben und widmete sich ganz den Aufträgen und immer neuen Verbesserungen und Erfindungen.

Auf der ersten Weltindustrieausstellung 1851 in London erhielt er für seinen bewährten Telegrafen neben Alfred Krupp und nur wenigen anderen die höchste Preismedaille. Das gab seinem Unternehmen einen großartigen Schwung. Der Name Siemens wurde weltbekannt. Auf der Weltausstellung der Elektrotechnik 1881 in Paris erhielt das Haus Siemens das Ehrendiplom. Werner Siemens erhielt unzählige Ehrungen. Er bekam ein Ehrendoktor-Diplom und wurde zum Mitglied der Akademie der Wissenschaften ernannt. 1888 bekam er den Adelstitel.

Was waren Erfolgsfaktoren von Werner von Siemens? Er wollte nicht mit der Herstellung guter, aber gleich bleibender Waren sein Geld verdienen, sondern nach besten Kräften die von ihm entwickelte Elektrotechnik vorantreiben. Darin sah er seine Aufgabe zum Nutzen aller. Bereits 1885 beschäftigte sein Unternehmen 1.100 Arbeiter in Berlin. Bald trug ein ganzer Stadtteil den Namen „Siemensstadt". Deshalb fühlte er sich auch den Arbeitern des Werkes gegenüber verpflichtet. Er schuf, viel früher als der Staat, für Krankheit, Unfälle und den Lebensabend eine Pensionskasse, denn ihm würde das verdiente Geld wie glühendes Eisen in der Hand brennen, wenn er treuen Gehilfen nicht den erwarteten Anteil gäbe. Werner von Siemens war ein Vordenker.

Carl Friedrich Benz (geb.1844 – gest.1929)

Was zeichnete Carl Friedrich Benz aus? Er war Ingenieur und Pionier der Automobilindustrie. 1878 entwickelte er einen Zweitakt-Verbrennungsmotor und später einen leichten Viertaktmotor. Benz erfand den Differentialantrieb und andere Kraftfahrzeugteile wie Zündkerzen, die Kupplung, den Vergaser, den Kühler mit Wasser und die Gangschaltung.

Welche Lebensgeschichte hatte Carl Friedrich Benz? Er wurde am 25.11.1844 in Karlsruhe als Sohn des Lokomotivführers Georg Benz und dessen Frau Josefine geboren. Ab 1853 besuchte er das naturwissenschaftlich orientierte Lyzeum in Karlsruhe. Mit 15 Jahren besteht er die Aufnahmeprüfung an der Polytechnischen Hochschule in Karlsruhe. Nach 4 Jahren beendete er mit Erfolg sein Studium.

1885 baute Benz das erste „Automobil", ein dreirädriges Fahrzeug mit Verbrennungsmotor und elektrischer Zündung, das 1886 erstmals in Mannheim fuhr. Es hatte 0,8 PS (0,6 kW), die Höchstgeschwindigkeit betrug 16 Km/h. Benz schrieb Industriegeschichte, indem er beim Reichspatentamt dieses Fahrzeug zum Patent anmeldete. In der Öffentlichkeit erntete er für seine Arbeit viel Spott. Es wurde als ein Wagen ohne Pferde belächelt. Andererseits meinte der „Generalanzeiger der Stadt Mannheim", dass dieses Fuhrwerk eine gute Zukunft haben wird. Benz sah dies ähnlich und verbesserte seine Fahrzeuge stetig.

Die kostspielige Entwicklungsarbeit hatte dazu geführt, dass die Hausbank die Umwandlung der Firma Benz in eine Aktiengesellschaft verlangte. Im Aufsichtsrat fand der Konstrukteur wenig Verständnis für seine Visionen. Benz verließ deshalb das Unternehmen und startete einen neuen Versuch. Er gründete die „Benz & Cie. Rheinische Gasmotorenfabrik Mannheim" für stationäre Gasmotoren, die an das öffentliche Gasnetz angeschlossen wurden.

1888 wurde das neuartige Gefährt durch die Teilnahme an der Münchner „Kraft- und Arbeitsmaschinenausstellung" zwar über die Grenzen Deutschlands bekannt, doch die möglichen Käufer blieben skeptisch. Die Verbreitung des Automobils begann dann in Frankreich, das die besten Straßen hatte. 1889 wurden die neuen Benz-Modelle auf der Pariser Weltausstellung gezeigt. 1926 ging die Firma von Benz durch Vereinigung mit der „Daimler Motorengesellschaft" in der Daimler-Benz AG auf.

Max Grundig (geb.1908 – gest.1989)

Was zeichnete Max Grundig aus? Er war Gründer der gleichnamigen Firma Grundig AG und zählt damit zu den bedeutenden Wirtschaftspionieren der Bundesrepublik Deutschland. Max Grundigs Kapital ist seine Faszination für Antennendraht und Transistoren, für Schrauben, Löten und Tüfteln. Charismatischer Glanz wird ihm ein Leben lang fehlen. Da kann er noch so viel Luxus um sich herum bauen – auf Partys und in Interviews wirkt er oft deplaziert und etwas ungehobelt. In seinem Betrieb verkörpert er indes unternehmerische Führung. Gegen seine Ideen lässt Max Grundig nichts gelten. Er ist oft brüsk und gibt in seinen späteren Jahren zu, ein bisschen Choleriker zu sein.

Welche Lebensgeschichte hatte Max Grundig? Er wuchs bei seinen Eltern in Nürnberg auf, sein Vater war Lagerverwalter. Dort absolvierte er später Abitur und eine Ausbildung zum Elektroniker. 1930 machte er sich selbstständig, als er mit einem Freund den Radio-Vertrieb Fürth, Grundig & Wurzer, Handel mit Radiogeräten eröffnete. Der Erfolg blieb nicht aus und so erreichte die Firma 1938 bereits einen Umsatz von 1 Million Mark. Während des Krieges baut er Trafos für die Wehrmacht u.a. mit Hilfe von 150 ukrainischen Zwangsarbeitern. Weil er die aber gut behandelt haben soll, erlauben ihm die Alliierten nach dem Krieg schnell den Neustart. In kürzester Zeit floriert sein

Reparaturbetrieb für Radios bereits wieder. Nach dem Krieg weitete er das Geschäft auf weitere Bereiche der Unterhaltungselektronik aus (z.B. Fernsehgeräte) und war damit weiterhin sehr erfolgreich. 1972 wandelte er sein Unternehmen zur Aktiengesellschaft. Ende der 70er Jahre, als Grundigs internationaler Elektronikkonzern sowohl durch Missmanagement als auch wachsende Konkurrenz aus Fernost unter Druck geriet, diente der Gründer sein Unternehmen dem Philips-Konzern an. 1984 gab er die Leitung des Konzerns ab an Philips. 1989 starb Max Grundig in Baden-Baden.

Was waren Erfolgsfaktoren für Max Grundig? Er stellte Massenprodukte mit guter Qualität zu günstigen Preisen her. Immer loderte es in ihm, den Siegerwillen hatte er verinnerlicht. Spätabends noch sitzt er zu Hause testet Geräte, bewertet Designentwürfe. Am nächsten Tag gibt er dann die Befehle an seine Entwicklungs-Ingenieure.

Gustav Lübbe (geb.1918 – gest.1995)

Was zeichnete Gustav Lübbe aus? Er war mit seinem Bastei-Lübbe Verlag einer der erfolgreichsten deutschen Verleger. Er kauft den kleinen Verlag aus Bergisch Gladbach 1953 auf und erreichte im Laufe der Zeit mit Krimis, Heimatromanen und ähnlichen Publikationen, die meist dem Groschenroman zuzurechnen sind, Milliardenauflagen. Aus Imagegründen richtete er den Verlag auch kulturell und geschichtlich aus. Inhalt und Aufmachung des Verlages brachte ihm schließlich sogar das Bundesverdienstkreuz ein. Dieses wird für besondere Leistungen auf politischem, wirtschaftlichem oder geistigem Gebiet verliehen.

Welche Lebensgeschichte hatte Gustav Lübbe? Er wurde am 12.04.1918 in Engter im Landkreis Osnabrück als Sohn eines Bauern geboren und absolvierte eine Ausbildung zum Schriftsetzer. Seine Verlagskarriere begann 1953 in einer fensterlosen Garage in Bergisch Gladbach. Ein Mann, Mitte Dreißig, und seine junge Frau schnüren Pakete mit Gedrucktem. Per DKW mit Holzkarosserie besuchen sie Pressegrossisten und Bahnhofsbuchhändler in ganz Deutschland. Der Verlag ist als Bastei-Verlag Gustav H. Lübbe im Handelsregister eingetragen. Gustav Lübbe verkaufte als Verleger tatkräftig unterstützt von seiner Frau „Lebensglück" in stetig wachsenden Auflagen, preiswert zu haben auf 64 Seiten mit einem bunten Umschlag. Die Überzeugung, dass Lesen glücklich mache, dass die Lektüre einfacher Geschichten Gefühle und Phantasie belebe und Hunger auf mehr und schließlich auch Anspruchsvolleres wecke, blieb die lebenslange Devise seines Verlegens.

1954 wurde der G-man Jerry Cotton ins Leben gerufen, der zum Synonym für Spannung schlechthin wurde. Innerhalb eines halben Jahrhunderts verkaufte sich Jerry Cotton weltweit mehr als 850 Millionen Mal. 1958 kam der profitable Rätsel-Bereich dazu. Es sind seitdem mehr als 750 Millionen Rätselhefte erschienen. Im selben Jahr verlegte Gustav Lübbe auch die ersten Comics, die sich erfolgreich am Markt behaupteten. Dies waren zumeist Gespenster-Geschichten und Produkte für Kinder und Jugendliche.

Von 1971 bis 2003 erschien bei Bastei „Das Goldene Blatt", eine der populärsten Zeitschriften auf dem hart umkämpften Markt wöchentlicher Frauenzeitschriften. Es wurde zum Inbegriff für ein ganzes Genre. Der Gustav Lübbe Verlag wurde auch zur ersten Adresse für ein breites, kulturgeschichtlich interessiertes Publikum.

Was waren Erfolgsfaktoren für Gustav Lübbe? Er war eine äußerst ideenreiche und inspirierende Gründerpersönlichkeit, die in der zweiten Hälfte des 20. Jahrhunderts aus einem kleinen Romanhefte-Verlag einen der großen Buch- und Zeitschriftenverlage geschaffen hat. Stets nahm er sein Publikum ernst, legte Wert auf sorgfältig redigierte Texte, klaren Stil und schlüssige Handlungen.

Heinz Nixdorf (geb.1925 – gest.1986)

Was zeichnete Heinz Nixdorf aus? Er gründete die Nixdorf Computer AG und konnte in der von Großunternehmen beherrschten Computerbranche erhebliche Erfolge mit Systemen für mittelständische Unternehmen verbuchen. Schulungsangebote rundeten das Angebot für Unternehmen ohne eigene EDV-Abteilung ab. In den 1970er Jahren war die Nixdorf Computer AG Marktführer in Deutschland und viertgrößter Computerhersteller der Welt. Heinz Nixdorf hatte alle Eigenschaften eines dynamischen Unternehmers: Selbstvertrauen, Pionier-geist, Risikofreude, Disziplin und Leistungswillen.

Welche Lebensgeschichte hatte Heinz Nixdorf? Er wurde 1925 in Paderborn geboren und wuchs in wirtschaftlich kargen Ver-hältnissen auf. Arbeitslosigkeit und früher Tod des Vaters und die damit verbundenen Einschränkungen der Familie waren seine dominierenden Kindheitserfahrungen. Sie prägten nicht nur seinen Bildungs- und Berufsweg, sondern auch sein späte-res Unternehmertum. Sein ständiger Kampf für das Wachstum des Unternehmens war für ihn mehr als Streben nach Gewinn. Die Firma war für ihn Lebensaufgabe und Chance, an der Gestaltung der Gesellschaft mitzuwirken. Daher hatte er die Schaffung von Arbeitsplätzen immer als vorrangige Pflicht ei-nes Unternehmers bezeichnet.

Neben seiner Hauptaufgabe der gewinnbringenden Unter-nehmensführung gibt es weitere Aspekte seines Selbstver-ständnisses z.B. als Arbeitgeber mit sozialer Verantwortung und als Bauherr mit Ambitionen auf dem Gebiet der Architektur. Sein Leben lang hatte Heinz Nixdorf begeistert Sport getrieben. Auch hier waren ihm Wettbewerb und Leistung wichtig. Sein Freizeitvergnügen, das Segeln, baute er zum Hochleistungs-sport aus und hat auch hier Höchstleistungen vollbracht.

Was waren Erfolgsfaktoren für Heinz Nixdorf? Seit Mitte der 1960er Jahre hat er Computer in einer Größenklasse geschaf-fen, die auch Klein- und Mittelbetrieben den Übergang von konventionellen Organisationsformen zur elektronischen Da-tenverarbeitung gestattete. Mit dieser Konzeption des arbeits-platz- und anwenderorientierten Einsatzes von Computertech-nologie wurde Heinz Nixdorf zum Wegbereiter der dezentralen Datenverarbeitung.

5.2 Moderne Beispiele

Bill Gates (Software)

Was zeichnet Bill Gates aus? Der Pionier der amerikanischen Computertechnologie gründete im Alter von 19 Jahren das Industrieimperium Microsoft. Auf „MS-DOS" basierend schuf er Windows, das heute das erfolgreichste Betriebssystem in der

Computertechnologie ist. Damit machte sich Gates zur Wirtschaftspersönlichkeit des Jahrtausends und zum reichsten Menschen der Welt (im Jahr 2004).

Welche Lebensgeschichte hat Bill Gates? Er wurde 1955 in Seattle (USA) geboren als Sohn eines wohlhabenden Rechtsanwaltes. Auf der Highschool programmierte er auf den Rechnern. Er versuchte unter anderem BASIC – eine leicht erlernbare Programmiersprache – für die aufkommenden Mikroprozessoren zu adaptieren. Als 1975 der Altair 8800 erschien, witterte er und sein Freund Paul Allen die Chance, die schon begonnene Arbeit zu Geld zu machen. Innerhalb von 30 Tagen adaptierten sie BASIC für den Altair 8800.

Bis 1977 Microsoft offiziell gegründet wurde, verlief die Karriere von Bill Gates und Paul Allen parallel zur Firma MITS. Bill Gates schmiss dann auch sein Studium und blieb seitdem Präsident von Microsoft und hält 20 Prozent des Aktienkapitals der Firma. Bis 1980 verlief die Entwicklung von Microsoft eher langsam. Während Apple innerhalb von 3 Jahren nach der Firmengründung auf 155 Millionen US-Dollar Umsatz kletterte, waren es bei Microsoft nur 8 Millionen.

Als IBM 1980 einen Personalcomputer entwickelte, benötigten sie dafür ein Betriebssystem und den damals noch obligatorischen BASIC Interpreter. Da traf es sich gut, dass Microsoft offensichtlich beides hatte. Im August 1981 erschien der IBM PC. Und mit dem Erfolg des PC kam auch der von Microsoft. An den Kopien von MS-DOS verdiente Microsoft Milliarden.

Um der Verbreitung von IBM PC's zu begegnen, entwickelte man bei Apple den Macintosh. Microsoft sollte die Anwenderprogramme dazu entwickeln. Dadurch kam Microsoft auf die Idee eine grafische Benutzeroberfläche („Windows") zu entwickeln. Bis jedoch Windows nur halbwegs mit dem Mac Betriebssystem konkurrieren konnte, dauerte es lange. Nach 2 Jahren Entwicklung kam 1985 die Version 1.0 heraus. Doch bis man Windows einsetzen konnte, vergingen weitere 5 Jahre. Spätestens mit Windows 3.0, im Jahr 1990 war jedoch der Knoten geplatzt. Die Umsätze von Microsoft explodierten, denn jeder musste zusätzlich zur DOS Lizenz noch Windows erwerben.

Obgleich der Ruf von Bill Gates in den 1990er Jahren schon legendär war, verschlief Microsoft komplett den Internet Boom. Man kaufte dann den Mosaic Browser auf und verbreitete ihn unter dem Namen „Internet Explorer" auf Windows 95. Soviel Mühe man sich auch gab, man hinkte immer hinter Netscape her. Das neueste Betriebssystem von Microsoft ist heute Windows Vista.

Was sind Erfolgsfaktoren von Bill Gates? Er wurde groß durch Kopieren und Abkupfern, allerdings gepaart mit einem hervorragenden Geschäftsgeist. Im Jahr 2004 war Bill Gates der reichste Mann der Welt. Seine Lieblingsbeschäftigung ist heute das Vermitteln seiner Visionen von einer heilen, schönen Softwarewelt mit „Informationen auf deinen Fingerkuppen". Bill Gates ist ein Paradebeispiel dafür, dass nicht der erfolgreich ist, der das beste Produkt hat, sondern der welcher das beste Marketing und den besseren Riecher für das Geschäft hat.

Manfred Maus (Heimwerken)

Was zeichnet Manfred Maus aus? Seine große richtungweisende Vision war es, das Grundbedürfnis „Wohnen" zu befriedigen. Diese Vision ist heute so selbstverständlich war geworden. Das Lebenswerk von Manfred Maus wird als Synonym für das Heimwerken verwendet: die Baumarktkette OBI.

Welche Lebensgeschichte hat Manfred Maus? Er studierte Betriebswirtschaft und trat nach dem Studium in die Emil Lux Werkzeuggroßhandlung ein. Dort faszinierte ihn das Konzept der 12 Fachgeschäfte unter einem Dach. Für den Werkzeughandel bot sich in dem neuartigen Vertriebskonzept „Baumarkt" ein hervorragendes Expansionsfeld. Für die Umsetzung seiner Idee der Baumarktfachgeschäfte führte Manfred Maus ein völlig neues Geschäftsmodell aus den USA in Deutschland ein: das Franchising.

Doch was in Amerika bereits hervorragend funktionierte, stieß in Deutschland auf taube Ohren. Manfred Maus musste seine Partner erst noch für die Vision der 12 Fachgeschäfte unter einem Dach begeistern – und hatte Erfolg. Durch Zufall erfuhr er von drei französischen Händlern, die unter dem eingetragenen Namen OBI firmierten. Kurz entschlossen reiste er nach

Frankreich und kaufte den Händlern den Namen ab. Die Vision hatte einen Namen.

1970 eröffnete der erste OBI Markt in Hamburg-Poppenbüttel, mit dem Manfred Maus den Grundstein für ein Handelsunternehmen legte, das seit über dreißig Jahren unangefochtener Marktführer seiner Branche ist. Seit dem internationalen Markteintritt 1993 in Italien hat sich OBI zu einem Global Player entwickelt, ist insgesamt in 11 Ländern vertreten und beschäftigt über 25.600 Menschen.

Das visionäre Engagement von Manfred Maus wurde mit dem Preis „Öko-Manager des Jahres 1998" und seiner Berufung in den Stiftungsrat für Umwelt und Entwicklung NRW durch die nordrheinwestfälische Umweltministerin gewürdigt. Als eine herausragende Unternehmerpersönlichkeit, die über 20.000 Menschen Arbeit gibt, wurde Manfred Maus 1999 für sein persönliches Engagement für den Sport und in zahlreichen Verbänden mit dem Bundesverdienstkreuz am Bande ausgezeichnet.

Im Mai 2000 wechselte Manfred Maus aus dem operativen Geschäft in den Aufsichtsrat. Er ist auch Gründer und Ehrenpräsident des Deutschen Franchise-Verbandes und seit 2003 Ehrenpräsident der EFF (European Franchise Federation). Ebenfalls seit 2003 ist er „Member of the Board of Directors" bei der National Retail Federation in Washington.

Was sind Erfolgsfaktoren von Manfred Maus? Er hat mit unermüdlichem Enthusiasmus das neuartige Geschäftsmodell Franchising in Deutschland eingeführt. Mit Wagemut und Weitsicht setzt Manfred Maus bei der Expansion der Baumarktkette OBI auf die Zukunftsmärkte Russland und China.

5.3 Zusammenfassung der möglichen Vorbilder

Existenzgründer benötigen Vorbilder. Die nachfolgende Übersicht zeigt die zuvor beschriebenen bedeutenden Unternehmerpersönlichkeiten unter den Aspekten „Lebenswerk", „Strategie" und „Branche".

Übersicht: Ausgewählte Unternehmerpersönlichkeiten

Person	Lebenswerk	Strategie	Branche
Jakob Fugger	Ausbau der Firma „Jakob Fugger & Söhne"; Vormacht-stellung auf dem internationalen Me-tallmarkt	Kühl und sachlich berechnende Persön-lichkeit; schnelles und ausgeklügeltes Informationssystem; offen für technische Neuerungen	Erzhandel und Bergbaugeschäft
Alfred Krupp	Erfinder und größter Industrieunterneh-mer Europas in sei-ner Zeit	Workaholic; großes Bedürfnis sich mit-zuteilen; führt für Mitarbeiter Kran-kenversicherung und Werkswohnungen ein; fordert dafür Loyalität und Identi-fikation mit der Fir-ma	Stahlprodukte (Eisenbahnschienen, nahtloser Radreifen, Kanonen)
Heinrich Nestle	Pionierunternehmer und Gründer des größten Nahrungs-mittelkonzerns der Welt	Einführung neuarti-ger Nahrungsmittel-produkte wie z.B. Kindermehl	Nahrungsmittel, Tierfutter, kosmeti-sche und pharma-zeutische Produkte
Werner von Sie-mens	Erfinder, Firmen-gründer und Schöp-fer des Begriffs „Elektrotechnik"	Wollte nicht die Herstellung guter, gleich bleibender Waren, sondern die Elektrotechnik vo-rantreiben; stets Ver-besserungen und neue Erfindungen	Telegrafen; elektro-technische Produkte
Carl Friedrich Benz	Ingenieur und Pio-nier der Automobil-industrie	Erstes Automobil mit Verbrennungs-motor; Verbesserun-gen zu seinen Auto-mobilen	Automobilbranche
Max Grundig	Gründer der gleich-namigen Firma Grundig AG; bedeu-tendster Wirt-schaftpionier der Bundesrepublik Deutschland	Massenprodukte in guter Qualität zu günstigen Preisen	Elektrogeräte (z.B. Radio, Fernseher)
Gustav Lübbe	Einer der erfolg-reichsten deutschen Verleger mit dem Bastei-Lübbe Verlag	Milliardenauflagen mit Krimis, Heimat-romanen und ähnli-chen Publikationen; äußerst ideenreiche	Verlag

		und inspirierende Gründerpersönlichkeit	
Heinz Nixdorf	Gründer der Nixdorf Computer AG; erhebliche Erfolge mit Systemen für mittelständische Unternehmen	Computer auch für Klein- und Mittelbetriebe; arbeitsplatz- und anwenderorientierte Technologie	Computer
Bill Gates	Pionier der amerikanischen Computertechnologie	Kopieren und Abkupfern, jedoch hervorragender Geschäftsgeist; sehr gutes Marketing	Software (Betriebssystem Windows)
Manfred Maus	Einführung des Geschäftsmodells Franchising in Deutschland; Aufbau der Baumarktkette OBI	Vision: Grundbedürfnis „Wohnen" befriedigen; unermüdlicher Enthusiasmus für seine Projekte; setzt auf Zukunftsmärkte Russland und China	Baumarkt; Heimwerken

6. Ausblick

„Aus der Vergangenheit kann jeder lernen.
Heute kommt es darauf an, aus der Zukunft
zu lernen."
Hermann Kahn, amerikanischer Kybernetiker
und Futurologe

Im Kapitel Ausblick sollen die Aspekte „Gründernetzwerke für die Zukunft", „Kritische Betrachtung von Existenzgründung" und „Zukünftige Situation der Selbstständigen" vorgestellt werden.

Wichtige Gründernetzwerke für die Zukunft

Information gilt als Erfolgsfaktor für die Zukunft eines neuen Unternehmens. Gründernetzwerke tragen wesentlich durch die Informationsvernetzung und Kontakt-, Austausch- und Beratungsangebote zu einer erfolgreichen Existenzgründung insbesondere auch eines Kleinunternehmens bei. Es gibt vielerlei lokale, regionale und auch überregionale Netzwerke für Existenzgründer.

Nachfolgend sind einige dieser Gründernetzwerke kurz beschrieben:

- Gründerinitiativen: Hilfe bei Ausarbeitung von Unternehmenskonzepten oder Businessplänen sowie Unterstützung bei der Unternehmensführung

- Businessplan-Wettbewerbe: Hilfe, Beratung und Coaching bei der Ausarbeitung und Umsetzung von Businessplänen

- Business-Angel-Netzwerk Deutschland (BAND): Netzwerk privater Risikokapitalgeber

- Arbeitsgemeinschaft Deutscher Technologie- und Gründerzentren e.V. (ADT): Träger ist der Bundesverband der deutschen Innovations-, Technologie- und Gründerzentren sowie Wissenschafts- und Technologieparks

- INSTI- Netzwerk: Information und Beratung von Unternehmen und Erfindern bei der Patententwicklung

- EXIST: Initiative des Bundesministeriums für Bildung und Forschung zur Förderung des Innovations- und Technologietransfers und zur Förderung innovativer Unternehmensgründungen

- Deutsches Gründerinnen Forum e.V.: Bundesweites Netzwerk für Informationen, Austausch, Zusammenarbeit und Weiterbildung von Multiplikatorinnen zur Existenzgründung von Frauen

- Netzwerk elektronischer Geschäftsverkehr: 24 regionale und drei Branchen-Kompetenzzentren (Handel, Tourismus, freie Berufe) für die Beratung vor allem für kleine und mittelständische Unternehmen.

Die wichtigsten Gründernetzwerke sind Gründerinitiativen und Businessplan-Wettbewerbe. **Gründerinitiativen** richten sich in der Regel an Gründer kurz vor und nach dem eigentlichen Unternehmensstart. Sie sollen bei der Ideenfindung für eigene Unternehmen, der Ausarbeitung von Unternehmenskonzepten oder Businessplänen und der Unternehmensführung unterstützen. Besonderheiten von Gründer-Initiativen sind, dass es eine Art „Baukastensystem" von Helfern und Angeboten gibt, die je nach Bedarf und Zeit für eigene Zwecke und mit Blick auf persönliche Ziele ausgewählt und genutzt werden können. Beispielsweise werden Informationsveranstaltungen und Seminare zu allen Aspekten und Fragen der Gründung angeboten. Zudem erfolgt Beratung und Coaching, Erfahrungsaustausch und Gründertreffs.

Es gibt keine Konkurrenz und keine Preisgelder. Gründer-Initiativen sind zeitlich offen organisiert, d.h. es gibt keine festgelegten Arbeitsphasen. Träger von entsprechenden Initiativen sind meist mehrere öffentliche Akteure aus Politik, Wirtschaft, Verwaltung und Wissenschaft, die in konzertierten Aktionen dafür sorgen, dass für potentielle Gründer diese Unterstützung vor Ort bereitgestellt wird.

Auch **Businessplan-Wettbewerbe** sind in Deutschland weit verbreitet. Junge Unternehmer, die ihre Geschäftsidee bei einem Wettbewerb einreichen sind erfolgreicher, so eine Studie eines Lehrstuhls der TU Berlin. Über 30 Prozent der Befragten wagten sich nach der Wettbewerbsteilnahme in die Selbstständigkeit. Hingegen bei Technologie- und Gründerzentren liegt diese so genannte Initiierungsquote nur bei vier bis fünf

Prozent. Die wichtigste Leistung eines solchen Wettbewerbs ist die Vorbereitung einer Gründung. Rund 70 Prozent der Befragten nannten die unabhängige Bewertung der Geschäftsidee und die Vorbereitung einer konkreten Gründung als sehr wichtig für die Teilnahme. Dazu gehören vor allem der Austausch mit erfahrenen Unternehmern und Beratern sowie die professionelle Bewertung des Konzeptes.

Wichtige Businessplan-Wettbewerbe sind:

- BPW-Berlin-Brandenburg (www.b-p-w.de)
- BPW-Nordbayern (www.netzwerk-nordbayern.de)
- Future SAX (www.futuresax.de)
- Münchner Businessplan Wettbewerb (www.mbpw.de)
- Science 4Life (www.science4life.de)
- Start2grow (www.start2grow.de)
- Thüringer Businessplan Wettbewerb (www.bpw-thueringen.de)
- 1, 2, 3 Go (www.123go-networking.org)
- NUK (www.n-u-k.de)
- Deutscher Gründerpreis (www.deutscher-gruenderpreis.de)

Kritische Betrachtung von Existenzgründung

Nach vier Jahren gibt laut einer Gründerstudie jeder zweite Existenzgründer auf. Dies rechtfertigt auch eine kritische Betrachtung von Existenzgründung.

Zunächst soll der Aspekt **Unternehmertyp** analysiert werden. Nicht jeder ist bereit 60 Stunden und mehr in der Woche zu arbeiten und ist durchweg körperlich fit und leistungsfähig. Auch auf ein regelmäßiges und stabiles Einkommen verzichtet nicht jeder gerne. Es ist nicht jedermanns Sache ein Unternehmerrisiko zu tragen. Zudem erfolgt die Unterstützung durch Lebenspartner/Familie nicht immer so, wie es sich ein Existenzgründer wünschen würde. Beim Aufbau eines Unternehmens sollte man Organisationstalent besitzen. Dies liegt auch nicht jedem.

Ein weiterer Bestandteil der Kritik besteht in der Nichtbeachtung des **Geschäftsplanes**. Viele Existenzgründer starten ohne einen schriftlich niedergelegten detaillierten Geschäftsplan und arbeiten erst mal darauf los. Wieder andere erstellen einen Geschäftsplan, aber führen keine Soll/Ist-Vergleiche bzw. eine Analyse der Abweichungsursachen durch. Der Geschäftsplan bleibt somit „geduldiges Papier".

Kritisch zu sehen ist auch die **Finanzierung** einer Existenzgründung. Es kann problematisch sein, bei Banken einen Kredit zu bekommen, wenn die Eigenkapitalquote des geplanten Unternehmens sehr niedrig ist und kaum Sicherheiten gegeben sind. Bei staatlichen Förderprogrammen kommen meist nach dem ersten Jahr teilweise erhebliche Rückzahlungen. Auch muss im Fall der Insolvenz der ehemalige Existenzgründer eventuell noch beträchtliche Schulden abstottern.

Eine kritische Betrachtung sollte auch **Unternehmenskrisen** einschließen. Nicht jeder hat die Nerven und das Durchhaltevermögen Krisen durchzustehen, die mit der eigenen (finanziellen) Existenz verbunden sind. Oftmals werden Früherkennungszeichen von Krisen ignoriert oder verharmlost. Es ist das Motto zu finden: Es wird schon irgendwie gehen. Unternehmenskrisen werden beispielsweise ausgelöst, wenn sich die Nachfrage verschiebt und die Kundenbedürfnisse nicht rechtzeitig erkannt werden.

Weiterhin sollen die **Branchenaussichten** für Existenzgründer betrachtet werden. Nicht jede Branche hat ein ausreichendes Wachstum. Bei insgesamt geringem Wirtschaftswachstum in Deutschland sind in der Regel alle Unternehmen/Wirtschaftszweige betroffen. Wichtig gerade für Kleingründer ist eine fundierte Branchen- und Marktanalyse. Nicht jeder macht sich die Mühe für diese teilweise aufwendigen Recherchen und Informationsbeschaffungen.

Zudem ist der **Standort Deutschland** noch verbesserungsfähig. Die Steuerbelastung der Unternehmen ist im Vergleich zu anderen EU-Staaten relativ hoch – trotz der Steuerreformen. Hohe Lohnzusatzkosten am Standort Deutschland fördern nicht unbedingt Existenzgründer. Der Kündigungsschutz ist zwar gelockert worden. Er ist jedoch aus Unternehmersicht noch nicht zur Zufriedenheit gelöst.

Kritisch zu sehen ist die Verwendung von **unternehmerischen Visionen**. Nicht viele Existenzgründer haben noch grundlegende Visionen, was sie mit ihrem Unternehmen erreichen wollen. Vielfach werden nur Umsatz- und Gewinnziele gesetzt und keine soziale oder gesellschaftliche Verantwortung des Unternehmers mit einbezogen.

Die zukünftige Situation der Selbstständigen

Berufliche Selbstständigkeit hat in den letzten Jahren sowohl in den Sozial- und Wirtschaftswissenschaften als auch in der interessierten Öffentlichkeit sehr viel Aufmerksamkeit gewonnen. Einerseits wird mit der wachsenden Anzahl an Selbstständigen die Hoffnung auf ein Beschäftigungswachstum verbunden und entsprechend eine neue Kultur der Selbstständigkeit gefordert. Andererseits werden immer wieder Bedenken über die Qualität neuer Selbstständigenexistenzen geäußert, die vielfach mit dem Schlagwort „Scheinselbstständigkeit" in Verbindung gebracht werden. Die Strukturen des tatsächlich stattfindenden Wandels beruflicher Selbstständigkeit sind jedoch bisher nur unzureichend erfasst.

Einen kleinen Einblick in die mögliche zukünftige Situation der Selbstständigen kann eine **Bevölkerungsbefragung der Wirtschaftsjunioren Deutschland**[20] geben. Exakt 40 Kreisverbände der Wirtschaftsjunioren haben teilgenommen und fast 8.000 Interviews wurden geführt.

Nach dieser Bevölkerungsbefragung sehen die Bundesbürger die wirtschaftliche Gesamtsituation wieder deutlich optimistischer. 22,5 Prozent rechnen mit einer wachsenden Wirtschaftsleistung. Nur noch jeder Dritte geht davon aus, dass es weiter bergab gehen wird.

Dies hat natürlich Auswirkungen auf Unternehmensneugründungen.

Die Selbstständigkeit entwickelt sich angesichts der Unsicherheit auf dem Arbeitsmarkt immer mehr zu einer echten Option. Rund jeder siebte unselbständig Beschäftigte hat bereits ernsthaft über eine Zukunft als Unternehmer nachgedacht.

---

[20] vgl. Internet: www.wjd.de

Lohnenswert erscheint die Selbstständigkeit vor allem den 18-bis 29jährigen, darüber hinaus den Arbeitern und den Arbeitslosen. Als Hinderungsgrund wird zudem nicht mehr das fehlende Kapital ausgemacht – dieser Anteil drittelt sich von rund 45 auf 15 Prozent. Sondern es wird vor allem das Risiko genannt. Hier stieg der Wert von 12 auf 22 Prozent. Auch im Alter sehen rund 14 Prozent eine Hürde; zu viel Arbeit fürchten nur noch knapp 3 Prozent.

Zwei Drittel der Befragten wünschen sich einen geringeren Einfluss der Politik auf die Wirtschaft. Nur noch ein Viertel meint, dass ein stärkerer Einfluss sinnvoll wäre. Auch auf die Lenkungsmöglichkeiten im Rahmen des Steuersystems sollen die Gesetzgeber ein gutes Stück weit verzichten. Drei Viertel der Deutschen sind bereit, für ein einfacheres Steuersystem die Abschaffung von Subventionen in Kauf zu nehmen. Hier sind natürlich auch die Meinungen von (zukünftigen) Existenzgründern enthalten.

Für die zukünftige Situation der Selbstständigen ist u.a. auch das Thema **„Werte und Unternehmensführung"** von Bedeutung. Bereits in den 1950er Jahren formulierte der Weltverband[21] Junior Chamber International (JCI) – der Wirtschaftsjunioren – ein Credo. Darin bekennen sich die Wirtschaftsjunioren zu Rechtstaatlichkeit, Toleranz, sozialer Marktwirtschaft und Verantwortung für das Gemeinwohl. Diese vielleicht altmodisch anmutenden Kernaussagen mögen erstaunlich wirken für einen Verband von Jungmanagern. Sie haben in den etwa 50 Jahren des Bestehens der Wirtschaftsjunioren ein erhebliches Mitgliederwachstum ermöglicht. Die Diskussion über Werte und deren Umsetzung nimmt im täglichen Leben großen Raum ein – ein Zeichen dafür, dass „Werte und Unternehmensführung" ein aktuelles Thema ist. Dass nicht nur die Diskussion, sondern auch das Handeln ein Bedürfnis junger Führungskräfte ist, zeigen viele, indem sie Flutopfern helfen, Sprachkurse und Bewerbertrainings für Übersiedler durchführen, Schulen und Kindergärten unterstützen und vieles mehr.

Jeder Mensch – also auch ein Unternehmer – hat ein mehr oder weniger stark ausgeprägtes Wertegerüst, moralische und ethische Grundsätze. Dieses Wertegerüst hat wesentlichen Ein-

---

[21] vgl. Internet: www.jci.cc

fluss auf sein Handeln, seine Bewertungen, Einschätzungen und Entscheidungen. Wie unterschiedlich dieses ausgeprägt sein kann, hat sich in den letzten Jahren für die Öffentlichkeit sehr deutlich im Zusammenhang mit Managergehältern gezeigt.

Der Unternehmer ist im Handeln mit anderen vielfach betroffen. Er steht persönlich in Beziehung mit Kunden, Lieferanten, Mitarbeitern und natürlich seinem privaten Umfeld, aber auch als formaler Unternehmer mit anderen Unternehmen, Institutionen, Behörden und nicht zuletzt der Öffentlichkeit. Für den Unternehmer also reichlich Gelegenheit das eigene Wertegerüst immer wieder auf die Probe zu stellen.

Mit der Führung eines Unternehmens ist auch das Anstreben eines langfristigen Unternehmensziels, einer Vision verbunden. Zwar bleibt das erste unternehmerische Ziel sicherlich die Erzielung von Gewinn (ohne Gewinn kein langfristiger Bestand des Unternehmens), aber die wenigsten Unternehmensvisionen sind rein finanzieller Natur. Vielmehr werden umfassendere Ziele formuliert, deren Elemente häufig z.B. Technologieführerschaft oder Marktbeherrschung sind, oft aber auch Kundenorientierung sowie Verantwortung für Mitarbeiter und Umwelt. In der Formulierung dieser Visionen zeigen sich die Persönlichkeit und das Wertegerüst des Unternehmers.

Welche realistischen Nutzenaspekte gibt es für Unternehmen bei werteorientierter Unternehmensführung? Dass Werte wirtschaftlichen Nutzen generieren scheint nahezu unstrittig, jedenfalls zeigen sich 95 Prozent der im Rahmen einer von der Unternehmensberatung Booz Allen Hamilton durchgeführten Studie[22] befragten Unternehmen davon überzeugt. Nachfolgend finden Sie weitere Ergebnisse dieser Studie.

---

[22] vgl. Studie der Unternehmensberatung Booz Allen Hamilton: Werte schaffen Wert.

Nutzenaspekt	Prozentsatz
Förderung interner Kooperation	73 %
Imageverbesserung	70 %
Profitmaximierung	65 %
Limitierung des Geschäftsrisikos	65 %
Förderung sozialer Verantwortung	58 %
Förderung von Ehrlichkeit	41 %
Vermeidung von Betrug	32 %
Erleichterung der Kontrolle	24 %

Die häufige Nennung der Imageverbesserung überrascht sicher nicht, denn die Bedeutung der öffentlichen Wahrnehmung wird schon lange ernst genommen. Spätestens seit den Erfahrungen, die der Mineralölkonzern Shell mit der geplanten Versenkung der Ölbohrinsel Brent Spar gesammelt hat oder der Sportartikelgigant Nike mit dem Thema Kinderarbeit, ist klar, dass unternehmerisches Handeln auch an Werten gemessen wird.

An erster Stelle steht jedoch die interne Kooperation, d.h. Führung und Zusammenarbeit. Hier liegt der wahre Schatz einer werteorientierten Unternehmensführung. Die Qualität von Produkten und Dienstleistungen wird wesentlich von der Qualität interner Prozesse und Strukturen bestimmt. Die Fähigkeit eines Unternehmens, diese Prozesse und Strukturen immer wieder neu den Marktbedingungen anzupassen und zu optimieren, entscheidet über den langfristigen Unternehmenserfolg.

Diese stetige Veränderung kann aber nur dann in der notwendigen Geschwindigkeit realisiert werden, wenn Unternehmer und Belegschaft gemeinsam handeln. Erfolgreiche Existenzgründung und erfolgreiches gemeinsames Handeln in der Zukunft basiert auf gemeinsamen Zielsetzungen, gemeinsamen Wertvorstellungen und dem daraus resultierenden Vertrauen.

ANHANG

Wichtige Adressen

Bundesministerium für Wirtschaft und Technologie
Scharnhorststr. 34-37
10115 Berlin
Tel. 01888/615-0

Bundessteuerberaterkammer
Neue Promenade 4
10178 Berlin
Tel. 030/240087-0

Bundesverband der freien Berufe
Reinhardtstr. 34
10117 Berlin
Tel. 030/284444-0

Bundesverband Deutscher Unternehmensberater e.V. (BDU)
Kronprinzendamm 1
10711 Berlin
Tel. 030/8931070

Bundesverband Junger Unternehmen der ASU e.V. (BJU)
Reichsstr. 17
14052 Berlin
Tel. 030/30065-0

Deutscher Franchise-Verband e.V. (DFV)
Luisenstr. 41
10117 Berlin
Tel. 030/278902-0

Deutscher Industrie- und Handelstag (DIHK)
Breite Str. 29
10178 Berlin
Tel. 030/20308-0

Deutsches Gründerinnen Forum e.V. (DGF)
Hamburger Allee 96
60486 Frankfurt
Tel. 069/700776

Deutsches Patent- und Markenamt
Zweibrückenstr. 12
80331 München
Tel. 089/2195-0

Institut für Handelsforschung an der Universität zu Köln (IfH)
Säckingerstr. 5
50935 Köln
Tel. 0221/943607-0

KfW Bankengruppe
Palmengartenstr. 5-9
60325 Frankfurt/Main
Tel. 069/7431-3747

Rationalisierungs- und Innovationszentrum der Deutschen Wirtschaft e.V. (RKW)
Düsseldorfer Str. 40
65760 Eschborn
Tel. 06196/495-1

Verband der Bürgschaftsbanken e.V.
Dottendorferstr. 86
53129 Bonn
Tel. 0228/9768886

Zentralverband des Deutschen Handwerks (ZDH)
Mohrenstr. 20/21
10117 Berlin
Tel. 030/20619-0

Wirtschaftsjunioren Deutschland e.V. (WJD)
Breite Str. 29
10178 Berlin
Tel. 030/203081515

Links im Internet

Wer?	Was?	Wo?
Bundesministerium für Wirtschaft und Technologie	Informationen zur Existenzgründung, -sicherung und Unternehmensführung	www.existenzgruender.de www.bmwi.de
Bundesverband Deutscher Unternehmensberater	Datenbank mit Adressen von Unternehmensberatern	www.bdu.de
Bundesverband Junger Unternehmer der ASU	Gründerwerkstatt	www.bju.de
Business Angels Netzwerk Deutschland	Kontaktvermittlung zwischen Gründern und Business Angels	www.business-angels.de
Deutscher Industrie- und Handelkammertag	Kooperationsbörse, Sachverständige, Technologiebörse	www.dihk.de
Institut für Handelsforschung an der Universität zu Köln	Betriebsvergleiche, Markt- und Unternehmensanalysen	www.ifhkoeln.de
Statistisches Bundesamt Deutschland	Statistisches Material zu verschiedenen Branchen	www.destatis.de
Genios Wirtschaftsdatenbank	Wirtschaftsdatenbank (kostenpflichtig)	www.genios.de
Zentralverband des Deutschen Handwerks	Informationen zum Deutschen Handwerk	www.zdh.de
Deutsches Gründerinnen Forum	Informationen für Unternehmerinnen und Gründerinnen	www.zfw.de
KfW Mittelstandsbank	kfW Mittelstandsbank Programme	www.kfw-mittelstandsbank.de
Bundesministerium für Bildung und Forschung	Forschungsförderung	www.bmbf.de
Verband der Bürgschaftsbanken	Ausfallbürgschaften und Beteiligungsgarantien	www.vdb-info.de
Deutscher Franchise Verband	Informationen für Franchise Geber und –Nehmer	www.dfv-franchise.de
Bundesverband Deutscher Kapitalbeteiligungsgesellschaften	Verzeichnis über Beteiligungsgesellschaften	www.bvk-ev.de
Deutsches Patent- und Markenamt	Alle bestehenden und verfügbaren Patente	www.dpma.de
„nexxt" Initiative Unternehmensnachfolge	Informationen für Nachfolger und Übergeber	www.nexxt.org

Beispiel für einen kompletten Geschäftsplan einer Kleingründung

Geschäftsplan/Business Plan

als

freiberuflicher Buchautor und Nachhilfelehrer

1. Vorbemerkung

Der Geschäftsplan (Business Plan) soll einen vollständigen Überblick über das Gründervorhaben geben bzw. die Geschäftsidee dokumentieren. Er besteht aus einem Textteil (Gliederungspunkte 1.-3.; 8.) und einem Zahlenteil (Gliederungspunkte 4.-7.).

2. Zusammenfassung der Geschäftsidee

a) Buchautor

Pädagogische Fachbücher können praktische Hilfestellungen in verschiedenen Bereichen geben. Permanente Fortbildung durch Fachbücher vermittelt Professionalität. Mein Unternehmen bietet pädagogische Fachbücher zum Download im Internet und als herkömmliches Buch bei verschieden Verlagen für unterschiedliche Zielgruppen wie z.B. Lehrer, Studenten, Eltern und Schüler an.

b) Nachhilfelehrer

Gute Noten in der Schule erhöhen die Chance für Ausbildung, Studium und Beruf. Qualifizierter Nachhilfeunterricht kann hier gezielte Hilfestellungen zur Verfügung stellen. Mein Unternehmen bietet Nachhilfe in Nachhilfeinstituten und privat zu Hause beim Schüler an.

3. Das Unternehmen

Das Kapitel „Unternehmen" bezieht sich primär auf die Gründerperson mit Kurzbiografie und die angebotenen Produkte/Dienstleistungen.

3.1 Gründer: Thomas Mustermann

                   Hauptstr. 100

                   12345 Musterstadt

Standort des Unternehmens ist Musterstadt. Es sind in den ersten drei Jahren keine Mitarbeiter geplant. Als Rechtsform wird das Einzelunternehmen gewählt. Als Kleinunternehmer bin ich von der Umsatzsteuer befreit. Eine Gewerbeanmeldung entfällt bei einer freiberuflichen Tätigkeit.

Kurzbiografie des Gründers:

1982	Abitur am Gymnasium Musterstadt
1991	Abschluss des Studiums Wirtschaftspädagogik an der Universität Musterstadt; Dipl.-Handelslehrer
1991-1993	Studium der Philosophie an der Universität Musterstadt
1993-1995	Unternehmensberatung, Musterstadt
Seit 1995	Lehrer an verschiedenen Schulen und privaten Bildungsträgern

Der Gründer ist seit 2007 im Nebenerwerb mit geringem Stundenumfang als Fachbuchautor und Nachhilfelehrer tätig.

Als Unternehmensziele stehen neben einem auskömmlichen Einkommen die Zukunftsfähigkeit auf dem Buch- und Nachhilfemarkt und die Unabhängigkeit in der Führung des Unternehmens an erster Stelle. Die Vision des Unternehmens kann folgendermaßen aussehen: Ich möchte durch meine Buch- und Nachhilfeangebote einen Beitrag zur Persönlichkeitsentwicklung und individuellen Förderung junger Menschen leisten.

3.2 Produkte/Dienstleistungen:

a) Buchautor

Die Produkte stellen pädagogische Fachbücher zu aktuellen und innovativen Themen dar. Arbeitsschwerpunkte: Nachhilfe, Berufswahl, Beruflichen Bildung, e-Learning.

Der besondere Nutzen für den Kunden besteht in folgenden Kriterien: Zielgruppenorientierung/ Aufnahme aktueller Trends/ Qualität/ wissenschaftliche Fundierung/ gut recherchiert/ kritisch.

b) Nachhilfelehrer

Die Dienstleistung besteht in qualifizierter Intensivnachhilfe in Rechnungswesen und Mathematik für alle Klassen und alle Schularten mit Einzel- und Gruppenunterricht. Zudem werden Kurse zur Vorbereitung auf Qualifizierten Abschluss/Mittlere Reife und zu Lerntechniken und Bewerbung angeboten. Ausbaufähig und zukunftsorientiert biete ich auch im Bereich e-Learning Onlinenachhilfe in Mathematik von meinem PC zu Hause aus an. Ein Monatsabonnement mit 10 E-Mail-Anfragen kann für 20 EUR erworben werden, jede weitere E-Mail-Anfrage 2,20 EUR. Insgesamt besteht der folgende besondere Nutzen für die Nachhilfe-Kunden: Zeit- und Geldersparnis bei Privatnachhilfe; Qualifizierte Nachhilfe von einer erfahrenen Lehrkraft.

4. Marktanalyse

Eine Analyse des Marktes gliedert sich in Marktvolumen/Branchenumsatz, die Schätzung des Marktpotentials, eine Konkurrenzanalyse, die Schätzung des eigenen Absatzpotentials und die eigene Leistungsfähigkeit.

4.1 Marktvolumen/Branchenumsatz

a) Buchautor

Etwa zwei Drittel des Umsatzes machen die Verlage mit Fachzeitschriften, nur rund 26 Prozent mit Fachbüchern. Die Erwartungen der Verlage für die Zukunft sind positiv (Quelle: Institut Bellgardt+Behr, Frankfurt/Main)

b) Nachhilfelehrer

Über 1 Mrd. EUR wird jährlich für Nachhilfe ausgegeben (Quelle: Marktforschungsinstitut Innofact). Der Nachhilfemarkt wird voraussichtlich weiter boomen durch die zunehmende Bedeutung von guten Noten für die berufliche Zukunft, komprimiertere Lehrpläne und persönliche Lernprobleme der Schüler.

4.2 Schätzung des Marktpotentials

a) Buchautor

In Deutschland/Österreich/Schweiz existieren derzeit über 150 pädagogische Verlage und zahlreiche Fachzeitschriften. Der Vertriebserfahrungswert von 100 : 3 würde bedeuten, dass sich von 100 Verlagen über 3 Verlage im Durchschnitt für das Manuskript näher interessieren. Bei den Fachzeitschriften dürfte der Wert ähnlich liegen.

b) Nachhilfelehrer

Im Folgenden wird die Anzahl der Schulen in Musterstadt und Umgebung, die für Nachhilfe in Frage kommen, dargestellt: Grundschulen (5 x), Hauptschulen (3 x), Realschulen (4 x), Wirtschaftsschulen (1 x), Gymnasien (5 x), Fachoberschule (1 x), Berufsschule (1 x), Uni Musterstadt (Studiengang BWL) (1 x) und Private Bildungsträger (Umschulungen bfz/DAA/BDP/Euroschule).

Zahl der Bedarfsträger: 1040 + 230; davon Mathe 380, RW 12

(Bedarfsträger sind 20 % der Schüler von 7.-10.Klasse, sonst 10 %. Von diesen Zahlen nehmen 30 % Mathe und 1 % Rechnungswesen-Nachhilfe)

Bedarfshäufigkeit: 34 Termine jährlich

Realisierbarer (Mindest-)Preis: 10 EUR/Stunde (Lehrerhonorar bei Nachhilfeinstituten) Marktpotenzial: 133.280 EUR

4.3 Konkurrenzanalyse

a) Buchautor

Es gibt derzeit sehr viele Fachbuchautoren mit teilweise stilistisch und fachlich sehr guten Manuskripten, die ihre Buchprojekte vermarkten wollen. Große Verlage erhalten täglich über 20 unaufgefordert zugesandte Manuskripte. Meine Fachbücher sollen sich durch ihre Qualität und den besonderen Nutzen für die Kunden hervorheben.

b) Nachhilfelehrer

Im Raum Musterstadt bietet eine kleine Anzahl von Lehrkräften Nachhilfe in Rechnungswesen und Mathematik an – außerhalb der Nachhilfeinstitute. Zudem sind viele Lehramtstudenten der Universität Musterstadt als Privatlehrer tätig. Mein Nachhilfeangebot soll sich durch den qualifizierten Unterricht beim Schüler zu Hause und den intensiven Kontakt mit den Eltern über Fortschritte abheben.

4.4 Schätzung des Absatzpotentials

a) Buchautor

Vom Zeitaufwand und bei hoher Qualität sind 2 Fachbücher pro Jahr möglich. Ausgegangen wird von einem Honorarsatz von 2 EUR/Stück und je 1000 verkauften Exemplaren. Bei den Fachzeitschriften wird mit 10 Artikeln pro Jahr und einem Honorar von je 150 EUR gerechnet.

Honorar Fachbücher	4.000 EUR
Honorar Fachzeitschriften	1.500 EUR
= Absatzpotential	5.500 EUR

b) Nachhilfelehrer

Konkurrenzanbieter sind in Musterstadt und Umgebung vor allem Schülerhilfe, Studentenring, Lernkreis und Abakus.

Marktpotential	133.280 EUR
- Absatz Konkurrenz (durchschn. 80 %)	106.624 EUR
= Absatzpotenzial	26.656 EUR

4.5 Leistungskapazität

Anzahl Tage im Jahr	365
Sonntage	52
Feiertage	13
Urlaubstage	40
Krankheitstage	10
Sonstige Ausfalltage	2
Arbeitstage	248
Anwesenheitsstunden je Tag	5
Anwesenheitsstunden Jährlich	1.240

a) Buchautor:	Umsatz je Stunde	15 EUR
b) Nachhilfelehrer:	Umsatz je Stunde	15 EUR
a) Buchautor:	Umsatz jährlich	18.600 EUR
b) Nachhilfelehrer:	Umsatz jährlich	18.600 EUR

Sollten Kapazitätsengpässe auftreten, soll über den Preis im Nachhilfebereich gesteuert werden, d.h. durch Preiserhöhungen bei neuen Schülern.

5. Marketingplan

Der Marketingplan enthält eine Darstellung der Marketingstrategie und eine Übersicht der geplanten Werbemaßnahmen als Buchautor und als Nachhilfelehrer.

a) Buchautor

Für die Werbung als Buchautor sind eine eigene Homepage mit Buchpräsentationen, Anzeigen in der lokale Tageszeitung, Interviews mit Tageszeitung/Wochenblatt/Radiosendern und Flugblätter an der Uni Musterstadt geplant. Dadurch soll die Werbung des Verlages, in dem jeweils die Fachbücher veröffentlicht werden, unterstützt werden.

b) Nachhilfelehrer

Die Werbung als Nachhilfelehrer besteht ebenfalls in einer eigenen Homepage mit Präsentation der Nachhilfedienstleistungen, dem Eintragen in Datenbanken für Nachhilfeangebote (www.nachhilfenet.de und www.nachhilfe-anna.de), Aushänge an verschiedenen Schulen und Anzeigen in Tageszeitung/Wochenblatt. Zudem wird das Marketing der Nachhilfeinstitute, bei denen eine Honorartätigkeit geplant ist, in Anspruch genommen und es wird auf Mund-zu-Mund Propaganda gesetzt.

Markteintritt: 01. Januar 2009

Der Termin lässt noch ausreichend Zeit bis zur Leipziger und Frankfurter Buchmesse und zudem befindet er sich in einem Nachhilfehoch vor den Zwischenzeugnissen.

6. Finanzplan

Der Finanzierungsplan umfasst die Investionen, Kapitalbedarf, Liquiditätsplan und Gewinn- und Verlustrechnung.

6.1 Investitionen (jährlich)

Es sind voraussichtlich keine langfristigen Investitionen nötig, nur kurzfristige Investitionen und Markteintrittswerbung sowie laufende Werbung.

Gründungskosten	**0 EUR**
Langfristige Investitionen	
a) PC, Digitalkamera	0 EUR
b) PKW, Fahrrad	0 EUR
Kurzfristige Investitionen	
a) Druckerpatronen; Papier, Kopien	300 EUR
b) Fachliteratur	50 EUR
c) Telefon	240 EUR
Markteintrittswerbung	500 EUR
(Website, Anzeigen, Publikationsanfragen)	
= Summe der Investitionen	1.090 EUR

Es wird kein Büro angemietet. Nachhilfe wird in den Nachhilfe-instituten und beim Schüler zu Hause erteilt. In den ersten drei Jahren werden noch keine betrieblichen Versicherungen abgeschlossen und noch kein Steuerberater beauftragt. Des Weiteren ist die Nachhilfetätigkeit auf das Stadtgebiet Musterstadt beschränkt. Somit ergeben sich keine Kfz-Kosten.

6.2 Kapitalbedarf (jährlich)

Als Kapitalbedarf ist eine Überdeckung gegeben, da nur relativ geringe kurzfristige Investition anfallen.

Investitionen	1.090 EUR
Eigenkapital	3.000 EUR
(Bank, PC, Digicam)	

Kapitalbedarf (Überdeckung)   1.910 EUR

6.3 Liquiditätsplan (monatlich)

Der Liquiditätsplan ist von wesentlicher Bedeutung, da die Zahlungsfähigkeit des Unternehmens zu jedem Zeitpunkt gewährleistet sein muss. Sie ist auch aufgrund des Bankguthabens in den ersten drei Monaten gesichert.

	Monat 1	Monat 2	Monat 3
Einzahlungen	400	600	900
- Auszahlungen	90	90	90
(Kurzfristige Inv.,Werbung)			
= Saldo	310	510	810
- Privatentnahmen	900	900	900
+ Bankguthaben	1.500	910	520
= Liquidität	910	520	430

6.4 Gewinn- und Verlustrechnung (monatlich)

In der G+V Rechnung werden zusätzlich zahlungsunwirksame Aufwendungen und Erträge berücksichtigt – insbesondere Abschreibungen für PC und Digitalkamera. Sie ist in den ersten Monaten schon in der Gewinnzone.

	Monat 1	Monat 2	Monat 3
Umsatz	400	600	900
- Aufwand			
Werbung; kurzf. Investitionen	90	90	90
Abschreibungen	48	48	48
(PC, Digicam)			
= Gewinn/Verlust	262	462	762

7. Rentabilitätsvorschau (jährlich)

Die Rentabilität des Unternehmens befindet sich im positiven Bereich und nimmt innerhalb der ersten fünf Jahre zu. Bei dem Umsatz im 1. Jahr wird von 20 Nachhilfestunden pro Woche zum (Mindest-) Preis von jeweils 10 EUR/Stunde und einem Honorar für Fachbücher und Fachzeitschriftenartikel von 2.400 EUR pro Jahr ausgegangen.

	1. Jahr	2. Jahr	3. Jahr	4. Jahr	5. Jahr
Einzahlungen	12.000	24.800	26.000	28.00	30.000
- Auszahlungen					
Werbung; kurzf.Inv.	1.090	1.090	1.090	1.090	1.090
Privatentnahmen	10.800	10.800	10.800	10.800	10.800
= Gewinn/Verlust	110	12.910	14.110	16.110	18.110

Die Privatentnahmen decken den Lebensunterhalt. Im ersten Jahr werden Kranken-, Pflege- und Rentenversicherungsbeiträge sowie Steuern aus Rücklagen oder über einen Gründungszuschuss finanziert. Ab dem zweiten Jahr deckt der Gewinn die genannten Beiträge und Steuern. Zu den voraussichtlichen Auszahlungen siehe Kapitel 6.1 „Investitionen".

8. Chancen und Risiken

An dieser Stelle soll noch eine Einschätzung der Chancen und Risiken, die mit hoher Wahrscheinlichkeit zu erwarten sind, getroffen werden. Dabei wird von einem günstigsten Fall (Best-Case) und einem ungünstigsten Fall (Worst-Case) für das Unternehmen ausgegangen.

8.1 Chancen – Best-Case

a) Buchautor

Ich schreibe zwei Fachbücher pro Jahr, wobei ich für jedes Buch einen „regulären" Verlag (Keinen Zuschussverlag!) finde. Der Verkauf läuft gut. Honorarsatz 2 EUR/Stück; jeweils 3000 Bücher verkauft; Einnahmen (jährlich): 12.000 EUR

b) Nachhilfelehrer

Es hat sich eine Mitarbeit bei 4 Nachhilfeinstituten in Musterstadt und etwa 5 Privatschüler/Woche ergeben. Die Wochenstundenzahl liegt zwischen 24 und 30 Unterrichtsstunden.

8.2 Risiken – Worst-Case

a) Buchautor

Ich finde für beide Fachbücher keinen „regulären" Verlag. Es kann dann ggf. eine Vereinbarung mit einem günstigen Zuschussverlag abgeschlossenen werden. Die Finanzierung des Zuschusses kann durch Vereinnahmung des Betrages der Verwertungsgemeinschaft WORT und den Buchverkauf erfolgen.

Fachzeitschriften lehnen Artikel ab. Es besteht dann die Möglichkeit bei Redaktionen telefonisch nachzufragen nach konkreten Themen und Interessen der jeweiligen Zeitschrift.

b) Nachhilfelehrer

Von 4 geplanten ergibt sich nur eine Mitarbeit bei 2 schon verbindlich zugesagten Nachhilfeinstituten und keine Privatschüler. Ich werde mich dann immer wieder bei den restlichen Nachhilfeinstituten bewerben und mehr Werbung für Privatnachhilfe betreiben.

LITERATUR

Becker: Lexikon des Personalmanagements.
München, 2002.

Bleiber, R.: Existenzgründung. Geschäftsidee – Finanzierung – Verträge auf CD.
Freiburg, 2008.

Bombita/Köstler/Steindl: Steuerwissen für Existenzgründer.
München, 2002.

Bonnemeier, S.: Praxisratgeber Existenzgründung.
München, 2008.

Dassler, S.: Berufswahl und Ausbildungsstellensuche.
Wissenschaftlicher Verlag Berlin, 2005.

Dassler, S.: Datenschutz in der modernen Informationsgesellschaft.
Wissenschaftlicher Verlag Berlin, 2007.

Dassler, S.: Sozialkompetenz-Training in der betrieblichen Ausbildung.
Grin Verlag, München 2004.
(Kostenpflichtiger Download unter www.hausarbeiten.de)

Demmer, C.: Existenzgründung.
Frankfurt am Main, 2008.

Dowling, M./Drumm, J.: Gründungsmanagement. Vom erfolgreichen Unternehmensstart zu dauerhaftem Wachstum. Berlin, Heidelberg, New York; 2002.

Eckhardt, S.: Das Existenzgründungsrisiko im Handwerk. Eine empirische Analyse.
Wiesbaden, 2002.

Füser, K.: Ratgeber Existenzgründung. 1000 Ideen und Checklisten für den Erfolg.
München, 2004.

Horvath & Partner: Das Controllingkonzept.
München, 2003.

Herrling/Mathes: Der Buchführungs-Ratgeber.
München, 2001.

Janson, S.: 8 Schritte zur erfolgreichen Existenzgründung.
München, 2008.

Josse: Basiswissen Kostenrechnung.
München, 2003.

Kritikos, A./Wießner, F.: Existenzgründungen. Die richtigen Typen sind gefragt.
IAB Kurzbericht, Nr. 3 / 30.01.2004.

Löffler, H./Scherfke, A.: Praxishandbuch Direkt-Marketing.
Berlin, 2002.

Neumann/Nagel: Neue Märkte – neue Kunden.
München, 2000.

Opoczynski, M./Fausten, W.: WISO. Existenzgründung
Frankfurt, 2004.

Oppermann-Weber, U.: Handbuch Führungspraxis.
Berlin, 2002.

Pepels: Marketing-Lexikon.
München, 2002.

Sattler, R.R.: Unternehmerisch denken lernen.
München, 2003.

Schultz: Basiswissen Betriebswirtschaft.
München, 2003.

Wehling, D. (Hrsg.): Handbuch für Existenzgründer.
Berlin, 2002.

Der Autor

Stefan Dassler ist Jahrgang 1962 und studierte Wirtschaftspä-
dagogik an der Universität München mit Schwerpunkt Organi-
sationspsychologie. Er ist seit mehreren Jahren als Lehrer an
verschiedenen privaten Bildungsträgern in kaufmännischen
und allgemein bildenden Fächern tätig.

In verschiedenen Kursen für Erwachsene unterrichtete er das
Thema Unternehmensgründung/Berufliche Selbstständigkeit
insbesondere für Existenzgründungen aus der Arbeitslosigkeit.